爱丽思欧雅玛的经营理念

[日] 大山健太郎 著
周征文 译

人民东方出版传媒
People's Oriental Publishing & Media
東方出版社
The Oriental Press

序言

昭和二十年（1945 年）是日本战败投降的年份，而我也生在这一年，是家里 8 个兄弟姐妹中的第一个男孩。当时的日本百废待兴，我幼年的成长环境也完全算不上富裕。如今回想起来，我之所以具备当领导的素养，可能得益于家庭成员众多的环境以及学生时代的社团活动。

面对现实情况，我拥有高于常人的进取心和正义感，一心想改变现状、改善生活。这种精神特质为我的企业经营带来了积极影响，在各阶段和各领域的事业拓展过程中皆有体现。换言之，我是个乐天派，不管遭遇何种情况，都会朝着积极的方向思考；并怀揣着“非实现不可”的强烈意志与愿望，朝着目标不断地努力。

从 19 岁起，我就担负起经营企业的重任，2016 年已经是我担任社长的第 52 个年头。而爱丽思集团的总销售额也突破了 3400 亿日元，进入了“大型企业俱乐部”。

我们公司一直致力于为消费者提供“舒适便捷的生活”，并通过创造需求，不断创造新市场。以东日本大地震的教训为鉴，我们推进了 LED 照明设备等节电产品的普及；以复兴日本东北地区的政策为契机，我们进入了碾米行业。这两项新业务前景可观，预计会成为今后值得期待的增长点。此外，在家电业衰退的大环境下，我们反其道而行之，积极招募业内人才，推出了以人为本的“原来如此”系列家电产品，为日本家电行业的复兴吹响了号角。不仅如此，在电子商务方面，我们也提升了自身作为“制造供应商”的效能，公司官方网店的销售业绩良好，为提前应对今后消费环境和消费习惯的变化打好了基础。

作为企业经营者，一路走来，回顾自己 50 多年的峥嵘岁月，我有许多与经营相关的信念和理念，觉得是时候公之于世了。基于这样的想法，从 2016 年（正好是东日本大地震 5 周年）3 月起，我开始在《日本经济新闻》这份报纸上连载文章，题为《我的履历书》。

文章内容以东日本大地震为开头，且前面 5 期都着墨于灾难发生及灾后重建，类似纪实文学，这在同类文章中较为少见。之所以这么写，既是为了体现我作为企业家一贯的经营作风——“化危机为机遇”，也是为了给还在艰苦奋斗的创业者和“准创业者”们打气。

谢天谢地，连载开始后，我收到了不少积极的反馈。有的说“每次看完一期，就开始期待下期的连载内容”，有的说“一些内容让我茅塞顿开、拨云见日”……对此，我表示深深的感谢。

本书的主要内容为我当时在《日本经济新闻》上的全部连载，加上我的经营理念以及对晚辈后生们的箴言。本书可谓全面反映我企业经营生涯的著作，也是让我颇感自豪的著作。

因此，本书可分为三部分。第一部分即刊登在报纸上的连载文章《我的履历书》。

我是个古典音乐爱好者，尤其被贝多芬的《第九交响曲》所打动。不少读者可能也知道，在《第九交响曲》的最后一章，通过名为《欢乐颂》的合唱部分，迎来了整个交响曲的尾声。而我在连载《我的履历书》时，也从《第九交响曲》中获得了一些灵感，因此文章以大地震纪实开篇，以充满希望的新一页作结，而中间也借鉴了《第九交响曲》的结构。

换言之，“从灾难到复兴”的纪实文学是序曲。之后与《第九交响曲》如出一辙，“第一乐章”介绍了我的童年时期及高中生活，并讲述了我如何从承包人做起，总结出“基于生产能力”这种经营方式的过程；“第二乐章”介绍了我通过创造需求来进入园艺及宠物用品行业的过程，并讲述了我如何通过“基于市场需求”把公司从制造商发展为制造供应商；“第三乐章”介绍了公司的海外拓展、企业并购及“基于顾客需求”的电子商务模式；“第四乐章”讲的是公司的地区贡献及日本商业所需的解决之道；而最终章则是对未来的展望，包括“员工理想中的企业”“推进与日本现状相适应的经营方式”等。如果说这些文章如乐章，那我在撰文时，就好比在作曲和填词了。

第二部分则是“我的经营理念”。

但凡经营企业，不可能一帆风顺。每隔 10 年，往往就会面临一次危机，如果此时企业家以“预料之外”而一言蔽之，我觉得是不称职的。回顾我自己的人生，父亲突然病逝、石油危机爆发、1990 年的泡沫经济破灭、雷曼事件（2008 年，美国第四大投资银行“雷曼兄弟”由于投资失利，在谈判收购失败后，宣布申请破产保护，从而引发全球性金融海啸。——译者注）以及东日本大地震，这些巨大变故几乎都以 10 年一次的频率到来。所以说，日本经济绝不可能四平八稳，危机和冲击势必不断。

企业要想在接二连三的逆境下存活，就必须做到“在任何情况下都能盈利”。这份执着的心念，便是我们公司的经营基础和企业理念。而为了实现它，我制定了相关的经营方针，提出了对管理层的要求，并明文规定了针对全体员工的行动方针。无论年龄大小、职务高低，所有人都必须切实履行，无一例外。在本书的第二部分中，我会介绍这些规章和理念，并阐明其背后的动机和思想。

尤其是“企业理念”，当时公司受到了石油危机的影响，在反省中，我树立了将企业打造成“制造供应商”的目标，同时也第一次将自己的企业理念书面化。之后，随着工厂和雇员的不断增加，到了 1990 年，我决定将公司更名，而企业理念也扩充至五条。从那时起，凡是入职的新员工，首先都必须记住这五条经营理念，并和同事一起念诵。

基于该理念，并为了把我平日所得的“思想”与“方针”与员工们分享，在每周一的晨会上，我都会亲自向他们传达信息。在我的企业经营生涯中，“信息共享”是我最为重视的环节之一。在过去的 20 年中，我总共做了大约 1000 次晨会讲话。而本书的第三部分，便是这些信息的摘录与集萃。我选取了一些特别重要的信息，并在表述上做了调整。

面对时代的变化激流，该如何支撑企业持续发展？该如何为企业成长做出贡献？这不仅限于我们公司的员工，凡是处于类似立场或担负类似责任的读者，相信都会面临同样的问题。而我希望各位读者能够带着这些问题来阅读本书。

当初，日本经济新闻社向我约稿时，我一方面感到无上荣幸，另一方面也心有顾虑——身为一名仍然在职的社长，写这样的文章是否合适？但对方一再热情邀请，还鼓励我道“在职并无妨，希望您能向广大读者传授丰富的经验”，这让我最后下定了执笔的决心。我想借此机会，对日本经济新闻社的各位表示由衷的感谢。

在本书成书过程中，身为编委的石锅仁美女士尤其功不可没，为了让我的文章更加易读、更有起伏，她做了大量“编曲”的工作。此外，在本书出版发行的过程中，日本经济新闻出版社的赤木裕介先生和雨宫百子女士也提供了极大的协助。对此，我深表谢意。

挑战没有终点。倘若垂阅本书的读者能够获得感触，并迈出为实现“大众富足社会”的第一步，作为笔者的我便会感到喜出望外。

2016 年 12 月 吉日

大山健太郎

目录

第一部分　我的履历书

第一章　从灾难到复兴　003

大地震后的首次晨会

——为复兴日本东北地区出力　005

体恤他人的哲学

——向灾民免费分发灯油　008

当机立断

——即便亏损，也要迅速确保物资　012

冰火两重天的失望

——复兴计划不被政府理解　016

复兴靠人才

——培养能够支撑当地经济的中流砥柱　020

第二章　基于生产能力的经营方针 025

生于大阪

——13 人大家族 学习辛苦 027

高中时代

——19 岁丧父 继任社长 031

靠年轻取胜

——每日不眠不休，养家糊口 035

去代工化

——自主研发渔业养殖用浮体 039

农业用品热潮

——宫城建厂 043

石油危机

——关闭故乡大阪的工厂 047

关注营收

——绝不再裁员 050

第三章　通向制造供应商之路 055

市场营销

——在家庭园艺领域创造需求 057

销售额增至 2 倍

——为“宠物热潮”打了一针强心剂 061

透明收纳

——“找不到衣服”的尴尬 促成了新产品的诞生 065

批发商的壁垒
——穷则思变“自建渠道” 069
制造商兼批发商
——“迅速推出热销产品”的理念 073

第四章　基于顾客需求的电子商务 077

走向世界
——依靠多余设备 成功“进军”美国 079
在中国建厂
——获得“大连市荣誉市民”称号 083
痛苦的失败
——进军高端 最终撤退 087
首次并购
——重振家具企业 091
增长缓慢的市场
——免费为卖场配置促销员 095
打破零售商的壁垒
——默默起步的电子商务 099
收购 DAISIN
——挑战零售商的禁区 103
产品研发
——在数分钟的演示后 立即做出判断 107

第五章　地区贡献 日本的解决之道 111

搞活当地经济

——为东北企业牵线搭桥 113

解决日本的现实课题

——瞄准家电市场 117

建立大型碾米厂

——凭借“小包装”杀入市场 121

家族经营

——兄弟同心 恪守创业理念 126

第六章　员工眼中的好公司 131

让员工充满干劲的公司

——人事、论文与 360 度全方位评价 133

对下一代的责任

——继续发扬互助、共存的精神 137

第二部分　我的经营理念

企业理念 144

经营方针 150

爱丽思管理者十训 153

企业成长的五大原则 155

业务指针 157

第三部分　致员工的箴言

第一章　本职业务与整体适应 163

区分目的、目标与手段 165

最终应该掌握的不是知识 而是智慧 167

管理要从“部分适应”进化为“整体适应” 169

将企业文化从“重努力”转变为“重结果” 171

实现股东、经营者与员工的“三位一体” 174

第二章　改善体制与培养人才 177

“多面评价”为何重要？ 179

采用“足球比赛”及“三车道”人事制度的初衷 181

有效运用“人力资源” 184

“沟通力”是提升领导才能的钥匙 186

管理者的三大职责 188

实现“公正评价”从而盘活人才 190

授业即学习——培养下属的心得 192

做到四点 提高“人格素养” 194

管理者的领导才能与经营者的领导才能 197

第三章　激发脑活性 提升创造力 199

激发大脑活性 获得独特创意 201

积极锻炼额前区 203
培养“好强大脑”突破现实桎梏 206
发挥创造力的工作方式 208
做到这几点 便能磨砺构思能力 210
激发创意的要素 212

第四章　应变与革新 215

灵活应对变化 提升附加价值 217
爱丽思的“开放式革新” 219
当下急需的革新精神 222

爱丽思集团年表 226

第一部分　我的履历书

第一章　从灾难到复兴

大地震后的首次晨会

——为复兴日本东北地区出力

焦急的心情 停滞的交通

2011 年 3 月 11 日下午 2 点 46 分，当时我在千叶市的幕张展览馆参加“日本药博会（Drug Store Show）”。随着一阵剧烈的摇晃，水泥地板发出“咔咔”的龟裂声，整个会场顿时沙尘弥漫，人们纷纷从会场中疏散出来。

“震源应该在宫城县附近的海面！”这是我当时下意识的判断。公司总部和我的住处都在宫城县。早在两天前，那里就发生了不到 5 级的地震，且余震不断。

果不其然，通过互联网确定了震源后，我立刻与另外 3 名员工一起乘坐公司用车，飞速奔往成田机场。30 多年前的宫城县大地震让我知道，在这种时候，铁路和公路往往都会瘫痪。而傍晚时分有从成田飞往仙台的航班，我想尽快飞到受灾地。

在车内，我焦急地用手机电视关注灾情的实时报道，结果得知仙台机场已经被海啸吞没。看来事态比想象的还要严重。不仅如此，宫城县内的通信已经瘫痪，电话根本打不通。而公司的

笔者的近照

4名董事中，我在千叶出差，另外2人分别在大阪和名古屋公干。换言之，只有1名董事在宫城县。于是我命令另外2名董事立即往仙台赶。

由于无法乘飞机，要想去仙台，我只能坐车走4号国道，可一路拥堵，汽车只能缓慢前进。我命令在东京的员工们经由新潟和山形进入宫城县，而我则连夜驱车北上。第二天清晨4点左右，由于福岛县白河处塌方断路，汽车无法再前进了。无奈，我们一行人只能先在新白河车站前的商务酒店稍事休息。因为没有房间，大家只能睡在大堂里。后来酒店工作人员总算给了一个房间，4个大男人挤在一起，好歹能躺一会儿。其间，我全神贯注地看着电视里的灾情报道。

道路修复后，我们的车总算在13日早晨到达了宫城县。我们公司的大河原工厂、角田工厂和仙台总部的建筑物未见异常，但内部已经被地震蹂躏得一塌糊涂——货柜倾倒、顶棚脱落，尤其是工厂的自动化仓库，由于货物崩塌四散，仓库已经无法正常运作。

“希望大家留下来工作”

一到宫城县内，手机都没信号了，因此我只能靠自己的双眼来确认所有情况。我赶到家里，妻子无恙，这让我松了口气。从交谈中得知，地震后停电，导致信息闭塞，因此妻子完全不了解海啸所引发的惨状。

第二天是周一，按照公司惯例，要召开晨会，而我必须亲自做讲话。作为社长，我必须向员工及干部指明今后的方向。

做出决断是我义不容辞的责任，而公司员工亦是灾民，有的不得不暂时住在避难所。“别管公司的事情了，大家去陪自己的家人吧。”作为社长，我是否应该这么说呢？

但诸如怀炉、口罩之类的日用品，我们爱丽思欧雅玛公司都有生产。显然，如今日本东北地区的广大灾民极为需要这些产品。

往常的晨会都在公司的会场举行，可由于顶棚脱落，我只能让员工聚在制造事务所的门口，这让我想起了公司规模尚小的创业期。公司员工有 796 人，这次晨会的出席者只有 388 人，且大家都垂头丧气。

我对他们说道：“大家满面愁容，想必是担心自己的家人，但我们的产品出货与否，直接关乎东北地区的复兴。有些事情，只有企业才能做到。我们要放眼未来，努力向前。我们公司无法为救灾出人力，但我承诺向地方政府捐赠 3 亿日元。而至于各位，我希望大家能够留下来工作。”说到这里，员工们纷纷抬起头，齐刷刷地看着我。不安之色已经从他们的脸上消失，取而代之的是充满坚定的表情。

体恤他人的哲学

——向灾民免费分发灯油

员工组成了“敢死队”

位于宫城县角田市的角田工厂是我们公司在国内的主力工厂，同时也是研发据点及信息系统中枢，并且配备负责保管及发货的大型自动仓库。我平时也经常在那里视察办公。

地震发生后的第二天（周六），工厂负责人及十几名下属员工开始清理被破坏的厂房内部。而总务部门也派人分头确认员工们是否平安无恙。周一晨会结束后，我命令在社长办公室设立对策总部。由于通信依然陷入麻痹状态，因此我暂时让对策总部全员每天早中晚三次在此集合，以便互相沟通及汇报情况。

当时，工厂周围一带依然停电，好在我们公司有电气专业的一线员工，他们开动脑筋，总算弄来了几台发电机。至于洗手间用水，则是从公司健身大楼的泳池中引过来的。

要想把灾民翘首以盼的生活必需品送到他们手中，就必须让拥有 26000 个货盘的自动仓库恢复运行。仓库里没有窗户，货柜的平均高度为 30 米。平时，放在货盘上的产品排列整齐；而无人式起重机则往返于各货柜之间的通道，从而把指定的产品拣选到出货口。可当时由于大量货品从货柜中溢出或掉落，通道被堵，起重机无法工作。

如果等专业人士来处理，不知道要到何时，而灾民的需求可谓迫在眉睫。于是乎，公司的十几名员工组成了“敢死队”，他们身上套着救生索，依靠手电筒的微弱灯光，徒手爬上货架，把里面的货品归位。当时依然余震不断，有时高达 4 级，员工甚至被震飞出货架，吊在空中，可谓险象环生。但在大家的努力下，只花了 4 天时间，自动仓库便恢复了正常运作。

由于炼油厂受灾，因此当地的燃油也面临短缺。即便仓库恢复运作，倘若卡车没有燃油，产品依然无法运出去。不仅如此，还会对员工的上下班造成困难。于是，我发出了“确保燃油”的号召。虽然当时东京一带的“首都圈”也出现了供油紧张的情况，但我们总算在大阪搞到了一整辆油罐车的油量，并拜托该油罐车一路开到仙台。这样一来，公司员工好歹能够以“5 人 1 车”的拼车方式上下班了。

纵使被解雇也无妨

在灾难中辛苦奋斗的并不只有总部和角田工厂的员工。DAISIN 作为爱丽思集团旗下企业，经营着家居建材店（Home Center）。而在大地震发生的第二天，其相关负责人便基于自己的判断，毅然决定照常营业。而灾民们为了购买诸如电池、毛毯、炉子等生活必需品，在 DAISIN 家居建材店门口排起了长队。

地震后，办公室的顶棚脱落（宫城县角田市 角田工厂）

由于地震，当时的店内也是一片狼藉——没有电力照明，商品四处散落。店员们只得在店门口听取顾客的需求，然后去漆黑一片的店内寻找。有的顾客没带现金，店员就让他们在笔记本上写上名字，算是赊账的证明。后来，所有赊账的顾客都来付了钱，没有一笔欠款。

位于气仙沼的 DAISIN 门店尤其值得一提。当时，店长看到在寒风中排队的顾客，决定向他们每个人免费发放 10 升灯油，用于点炉子取暖。当时通信还未恢复，店长无法与总部取得联系。面对电视台的现场采访，他说道："我（擅自行动）可能会被解雇，即便如此也无妨。"

不少企业拥有所谓《紧急情况应对手册》，但真正碰到意料之外的严重事态时，这样的手册往往起不了作用。道理很简单，那时候哪有闲工夫去翻阅什么手册和文件，而且既然是意料之外的情况，势必不可能事先写在《紧急情况应对手册》中。这时最重要的是企业哲学，以及员工对企业哲学的理解程度。假如等待上头指示后再行动，那肯定为时已晚。

从很久以前开始，我便向员工强调“基于顾客需求”的哲学思想，并将其作为企业理念之一，要求员工在每次晨会和研修时反复念诵。所谓“基于顾客需求”，其核心是“时常为对方着想”。上面那位店长，便是在彻底领悟该哲学思想的前提下，自动自觉地做出了正确判断。爱丽思集团能拥有这样的员工，我对此感到无比自豪。

当机立断

——即便亏损，也要迅速确保物资

逆向使用物流系统

地震发生后，随着时间的推移，以宫城县为代表的各地方政府和自治团体纷纷与我们公司联系。原因很简单，避难所的生活用品出现短缺。

假如一一应对，反而会导致混乱，于是我选派专门负责对接的联络员，让他们在宫城县厅和仙台市政府处理各方面的要求，并按照内容上报公司相应部门，或者请对方亲自来我们公司洽谈。此时，爱丽思集团的物流优势便体现了出来。我听说有的政府部门和自治团体面对全国各地寄来的赈灾物资，在保管和分类时弄得焦头烂额，而我们则能够从容应对类似问题。

当时，我们公司的既有库存已经无法满足灾民的需求；另一方面，在全国各地家居建材店的卖场里，我们公司的产品则现货充足，其中不少都是灾民的必需品。在交涉之下，我让那些家居建材店把我们公司在卖场中的部分商品打包，然后送到爱丽思。

我们公司以制造商的身份起家，后来进化为“制造供应

大地震发生后的第二天，家居建材店“DAISIN”门前排起了长龙

商”，即兼任了批发商的角色。一般来说，既然是制造商，那么只要把自家产品一并交予批发商即可。但我们公司不同，我们会把自家产品进行分类拣货，然后直接配送到全国各家家居建材店。我们公司在国内拥有 8 处工厂兼物流仓库的基地，能够实现细致且迅速的产品配送。

而为了满足灾民的需求，这次等于是逆向使用了这套物流系统，即从各地的门店“反向采购”自家产品。当然，这么做会导致一定的亏损，但大局当前，确保物资是首要任务。

作为阪神大地震的经历者，我深知受灾地最缺的是炉子、煤气瓶、毛毯、电池和自行车等日常用品，因此我命令公司员工首先确保这些物资的供给。可凡事皆有变数，虽然我拥有这样的救灾经验，但还是碰到了意料之外的需求。

当时，宫城县知事（知事是日本行政地区的首长，日本的县知事大致相当于中国的省长。——译者注）村井嘉浩先生直接打电话找我，他说："（你们公司）如果有防水蓝布的话，能不能分我们一点？"经询问得知，海啸过后，大量"遇难"者的遗体从海里漂到岸上，许多遗体的身份来不及确认，只能先临时放置在体育馆等场地内。村井先生说："希望让他们（遗体）至少能有一张蓝布蔽体。"于是我立刻着手安排。

预估形势，增产 LED

这场大地震的影响逐渐波及日本全国，福岛县核电站事故日益发酵，导致全国电力供应陷入紧张状态。再加上接下去要迎来夏天，我估计节约用电会成为日本今后的一大课题，于是思考"我们公司究竟能帮上什么忙"，得出的结论是"LED 照明"，这也是我们两年前开始正式进入的行业。

与传统的荧光灯相比，LED 照明设备所消耗的电力要少得多，但价格也比前者高很多，因此在大地震发生之前，其在日本的普及速度并不快。但大地震发生后，在节约用电的现实需求下，我预估不少企业和个人都会改用 LED 照明设备。

鉴于此，在爱丽思日本本土工厂和仓库基本恢复运作的 3 月下旬，我赶赴位于中国大连的一家分厂，该厂主要生产 LED 照明设备。我对厂里的负责人做出指示，要求他们增加生产设备，从而将生产能力提升至原先的 3 倍。一般来说，不管是研发新产品，还是增减生产设备，我们公司都会重视现场员工的意见，但此时由于情况特殊，因此我作为社长，必须肩负责任，做到当机立断。

凡是我们公司的工厂，其生产车间都会预留一大片富余的面积。由于爱丽思的产品线非常丰富，因此生产现场必须时刻留有余地，从而应对各种变化。事实证明，这样的方针在关键时刻能够发挥作用——那年 4 月份的 LED 照明设备订单量比往年同期增加了 1 倍，到了 5 月份，订单量更是从 3 倍暴增至 5 倍。倘若我没有提前下令增产，则根本无法应对这样的需求。

后来，关停核电站的呼声在日本全国各地蔓延。与此同时，节约用电的意识也逐渐在日本国民中普及。在这样的大环境下，日本却几乎没有出现不得不拉闸限电的情况。在我看来，我们公司的 LED 照明设备也有一份功劳。每每想起这一点，我都会自豪不已。

冰火两重天的失望

——复兴计划不被政府理解

“复原要迅速及时，复兴要从长计议”

在东日本大地震中，我们爱丽思集团有 3 名员工不幸遇难，这让我万分痛心。我是个古典音乐爱好者，尤其偏爱诸如贝多芬等浪漫主义音乐家的作品。但在大地震发生后的一年内，我只能靠听巴赫等人的巴洛克音乐来平复情绪，否则很难投入工作。

究竟该怎么做，才能救灾民于水火之中呢？地震发生后，有的人待在家中陪亲人，有的人跑到岸边找亲人，结果不少人都被海啸所吞没。之所以会酿成这样的悲剧，手机信号消失是主要原因。其实，只要暂时屏蔽受灾县周边地区的基站信号，哪怕就一个小时，灾民在地震发生后就能用手机与亲人或朋友取得联系，这能够对他们的迅速撤离与避难起到决定性帮助。诸如此类的想法，不断在我脑中浮现。

在大地震发生之前，我一直把企业发展作为首要任务，而对于商界及政界的相关活动，则总是表现得不太积极。但在大地震发生的那年，由于仙台经济同友会的代表干事任期已满，因此该组织开始招募后继干事，在对方的盛情邀请下，我与河北新报社的一力雅彦社长一同接受了该职务。

要么不做，要做就要全心全力。从那之后，我与同友会的成员们每年召开会议，为灾后复兴出谋划策，并将大家的建议进行归纳总结，然后一并提交给宫城县及仙台市政府。此外，我还担任了政府机构“复兴厅”的复兴推进委员会委员一职，直接向政府官员发表意见。

笔者向知事提交关于灾后复兴的建议书（中间为笔者）

我的想法可以归纳为“复原要迅速及时，复兴要从长计议”。仙台的平原地区是海啸重灾区，许多住宅和耕地遭到破坏；与之相对，仙台东部由于拥有充当堤坝的公路，因此海啸的淫威得到抑制。鉴于此，我提出建议，在距离海岸线 1 公里处建造路堤，充当物流公路，并在海岸一侧建造诸如自然公园、运动场地等便民设施。我的理由很简单，与其建造仅有 100 年寿命的水泥堤坝，不如建造能够发挥逃生作用的路堤。这样既能保护沿岸景观，也能拓展土地的用途，可谓把复兴预算的钱用在了刀口上。可这种企业家风格的想法却迟迟无法被政府采纳。

有些事情，只有企业家能做

对此，我的确感到一阵空虚和无奈。面对政府官员的冰冷态度，我的一腔热情成了徒劳。这既让我领教了日本官员对于制度的拿捏失当，也让我看清了中央与受灾地区之间的态度隔阂。

具体来说，我们的诉求是让受灾地区变得更好，即“复兴”；而政府官员的目标仅仅是将受灾地区恢复原状，除此之外，他们不愿额外拨款。很显然，他们要的只是“复原”，而非真正意义上的“复兴”。灾后第二年，我只得在提交的建议书上写道：“作为指导灾后地区复兴工作的指挥部，复兴厅似乎并未发挥其应有的作用。”

与此同时，在地震发生后，我一直在给当地的企业家们打气。销售额暴跌，公司前景渺茫……不少中小企业家在这样的压力下不堪重负，打算采取裁员的手段。对此，我不断对他们鼓励道：“再过半年，各种重建工程就会启动，而相应的内需也会扩大，所以请大家再坚持一下，不要这么急着裁员。”

而当地年轻人的就业问题，也是我心头挥之不去的忧虑。为此，到了灾后第二年的招聘季，我们公司除了按惯例招聘 100 名新员工以外，还特别为受灾地区的高中应届毕业生提供了 30 个额外岗位。不仅如此，我还四处拜托各种熟人（包括其他公司的社长和分店店长），拜托他们尽量多招收受灾地区的高中应届毕业生，哪怕给一两个名额也好。

不久后，包括仙台市在内的受灾地区开始大兴土木，经济也逐渐恢复景气。但就像我刚才所指出的，这只是单纯的重建，与基于长远眼光的复兴不同。

在我看来，必须给当地的企业家打气鼓劲，必须为当地培养新的创业型人才，因为有些事情只有企业家能做。为此，我决定与同友会的成员们携手，在这些方面做出应有的贡献。

复兴靠人才

——培养能够支撑当地经济的中流砥柱

设立“人才培养道场”

经过一番思索后，我觉得要想真正复兴受灾地区，“培养人才”是唯一的出路。于是我联系了不少商界的有识之士，以“发起人代表”的身份，与他们一同创立了“东北未来创造发起者组织（东北未来创造 initiative）”；不仅如此，我还设立了“人才培养道场”，并担任塾长一职，该机构旨在培养企业家和创业者。

我们在培养人才时，并不仅仅以授课为手段，还会让学员以“4 人 1 组”的形式组队，在遵守保密义务的前提下，交换彼此在商界的信息资源。在该过程中，我们还会为小组配备综合指导员，为学员们提供咨询服务。

在此基础上，我们还邀请诸如德勤国际会计师事务所（Deloitte Touche Tohmatsu LLC）、日本政策投资银行、麦肯锡管理咨询公司（McKinsey & Company）、博报堂广告公司的员工以及 NPO（非营利组织）法人 ISL（Institute for Strategic Leadership）的成员莅临，为学员们提供全方位的指导。

“人才培养道场”的据点目前有3处，分别是气仙沼市、大船渡市和釜石市，参加免费。至于学员来源，除了公开招生外，我们机构还会主动邀请市政府推荐的一些商界新秀参加。学员从事的行业各式各样，包括水产加工、船舶制造、食品生产等。有的学员是家族企业的长子，在海啸中厂房被毁、父亲丧生，于是只得继承家业；有的学员原本是从外地赶来的志愿者，在赈灾过程中，渐渐萌生了在当地创业的念头。

有一名学员让我印象深刻，他起初对我们的机构充满了不信任感，还说：“地震后，有许多人从东京赶来，口口声声说要为灾后重建出力，结果却只是动动嘴皮子，最后都拍拍屁股走人。（你们）大概也是半斤八两吧。”但事实证明，我们是真心诚意的——通过和学员同吃同住，用将近半年的时间，把学员们的创业构想完善为可行性方案。由于评审极为严格，因此有的学员中途退出；有的学员则大为恼火，对我们质问道：“你们是来摧毁我的梦想的吗？”

而对于坚持到最后的学员，课程的最后一天是发表会，我们会邀请百余名重要人士到场，包括本市的市长和学员的亲属。而学员则必须在他们面前发表自己的创业构想。之所以如此安排，是为了让学员获得适当的压力，毕竟面对的是当地各阶层的代表及自己的家人。而我相信，这样的压力，将来会转变为促使梦想实现的心念与意志。

在发表会之前的准备阶段，为了鞭策学员，我们会大幅提高学习强度，因此当发表会结束后，不少小组成员会和自己的综合指导员携手并肩，一起号啕大哭。通过组织这种性质的培训，我深深地体会到，在短短半年间，学员们的视野变得开阔，意愿变得强烈，已经具备了创业者所必需的素养。我坚信，在不久的将来，他们会成为当地商界的精英和领袖，从而为当地的经济复兴带来原动力。诸如公路等基建所带来的繁荣是暂时的，唯有扎根于当地的企业家，才是灾区经济自立自足的希望所在。

意外不断的经营生涯

在开课的第一天，我一定会到场，向学员们讲述自己经营企业的志向与理念。我坐着讲，学员们坐着听，我们的椅子距离很近，我就这样毫无隔阂地娓娓道来。由于学员们往往会踊跃提问，因此 2 小时的规定时间有时不得不延长。他们专注的眼神让我印象深刻，我对此也能理解，毕竟不少学员已经是中小企业家，而他们直面的烦恼和难题，我当年创业时基本上都经历过。

当年，我放弃了进入大学深造的机会，在尚未成年时便不得不继承家里的小作坊。可以说，我经营企业的起点便是一个意外，而之后也面临了不少危机，甚至一度被逼到濒临破产的境地，只得无奈地背井离乡，把公司从大阪迁到东北地区。这一系列的遭遇，让我极度抗拒裁员。后来，在收购其他经营不善的企业时，我便下定决心，绝对不解雇任何一名员工。

在“人才培养道场”讲述创业经验的笔者（右侧）

随着时代潮流和消费习惯的变迁，我们公司一直与时俱进，大胆地改变产品线及商业模式。如今，爱丽思集团的企业理念也好，企业形态也好，都源于我的实际经验。

在各位读者当中，想必也有不少志同道合者，有的或许打算自主创业，有的或许打算将自己已有的企业做大做强，但却苦于摸不清方向。从下一章开始，我会讲述自己年轻时所犯的错误，以及如何“化危机为机遇”的经验。希望能给有需要的读者们提供一些参考。

第二章　基于生产能力的经营方针

生于大阪

——13 人大家族 学习辛苦

汉诗和《论语》从小耳濡目染

我生于 1945 年 7 月，正值日本战败投降前夕。我父母当时住在被列为战时疏散地之一的大阪府南河内郡道明寺村（现在的藤井寺市），而我便在那里出生。我父亲名叫大山森佑，母亲名叫敏子。二人结婚时，父亲 20 岁，母亲 19 岁。我作为家里的大儿子降生时，父亲 23 岁。我有 1 个长我 2 岁的姐姐，还有 6 个弟弟妹妹。

后来，我们家搬到了布施市（现在的东大阪市）的德庵一带。父亲以当时被视为贵重品的砂糖为原料，开始生产饴糖。小时候，我经常待在作坊里看大人们干活，还擅自去舔大锅里溢出来的糖，结果有了蛀牙。待姐姐上幼儿园后，祖母会给她做紫菜卷寿司当午饭。我清楚记得，自己由于垂涎姐姐的午饭，还一路跟着她到了幼儿园。

在我 5 岁时，我们一家人又搬到了同为布施市的长荣寺一带。那里后来也成了我的创业起点。

回顾自己的人格形成期，祖父和父亲对我的影响最大。当时，祖父祖母和我们住在一起。祖父名叫赵性璣(此为异体字，王字旁加一个畿。——译者注)，老家在韩国庆尚南道的咸安郡。昭和二年（1927年），他以中医的身份来日本谋生。当时，家中便是诊所，木制的药柜里摆满了药材。如病人有需要，祖父半夜都会出诊。许多人尊敬他的医德和博学，因此经常有知识分子前来拜访。此外，祖父非常看重门第，而我母亲敏子据说是韩国的名门之后，拥有这样的儿媳妇，他十分引以为傲。小时候，祖父每次伴我入睡时，都会给我念汉诗和《论语》。

曾经是中医的祖父（左）与祖母

父亲不但进取心强，而且财商颇高。哪怕在结婚后，他依然去东京的大学，以旁听生的身份继续学习，同时还做买卖，从而维持一家人的生计。我还清楚记得小时候家中的景象——各种金属线材在院子里堆得高高的；从父亲的生意伙伴到围棋同好，晚上 10 点依然高朋满座；后院公寓的房客也会来凑热闹；而母亲总是用现成的食材做成佳肴，款待各路来客。

院子里建起了塑料制品厂

260 坪（1 坪≈ 3.3 平方米。——译者注）的宅地上，除了自家住房外，作坊和公寓占据了原本就不大的面积。家里只有 4 个房间，却住着祖父母、父母、叔父和 8 个孩子，总计 13 人。由于家人众多，生活十分不易。再加上经常有人进进出出，所以我根本没法静下来学习。也正因为如此，我养成了认真听讲的习惯，为的是当场把课堂内容记在脑海里。直到现在，我的记忆力都非常好，听人讲话不太需要记笔记。但诸如英语词汇等需要反复练习的科目，我当时就完全不行了。因此我学生时代的成绩总体不错，唯独英语较差。

我的家位于住宅区的一角，但周边有不少小作坊和工厂。它们生产各种零件和成品，譬如螺栓、螺钉、线材、冲床等。只要去小伙伴家里玩，往往就能见识到不同产品的制造现场。在我成为企业家后，这段儿时的经历令我十分受用。

当时，不少作坊和工厂的老板都是白手起家，大人们经常谈论自己或他人的生意。“那户人家的生意，最近做得如何了？”这句话简直成了引出话题的问候语。当然，生意好好坏坏、浮浮沉沉是家常便饭。对于成功者，大家都会直爽地交口称赞；至于有用的商业信息，也全靠人们口口相传。东大阪地区的这种民风，让我从小切身领会了制造业与商业的本质。直至今日，我都十分感谢上苍给予的这份经历。

有一天，我们家后院的公寓有了一名新房客。他来自福井县，熟悉塑料制品工艺。当时，塑料是一种全新的材料，十分受人瞩目。与金属、玻璃和木材相比，其拥有“高精度、大批量、低成本”的制造优势。父亲看好塑料的前景，于是放弃金属加工，在院子里建起了塑料制品厂。

加热树脂，使其融化并呈条状；然后在模具中吹入空气，使其膨胀成型。这种工艺被称为“吹气成型”。父亲买来了二手的吹气成型机，然后以承接代工的形式，开始生产水龙头开关部件及学生书包手柄等塑料制品。

父亲原本打算取的厂名叫“大山制作所”。为此，父亲还来征求我的意见。而我对他说道：“这种名字太土了，今后的潮流是洋文。”于是最后定名为“大山 blow 工业所”（blow 有吹气成型之意。——译者注）。当时的我已经是初中生，每周日学校放假，我都会在父亲的厂里帮忙，自然而然就掌握了所有工艺。

高中时代

——19 岁丧父 继任社长

与乒乓球台厂家直接交涉

在布施市时，我读的小学离我家很近，我读的中学也就在我家门口小巷的另一头。我觉得这是父母的良苦用心，为了让孩子上学放学方便点，他们当初特意在这样的学区安家。

我从小好奇心旺盛，再加上是 8 个兄弟姐妹中的长子，因此培养出了一种类似“领导才能”的特质。这也造成了我好打抱不平的性格，只要碰到犯愁的人或不合理的事，我就无法视而不见。初一的第三学期（由于日本的初高中每年会放春假，因此一个学年就被春、暑、寒三个假期分割为三个学期。——译者注），由于学校乒乓球队缺人，受学长之托，我欣然加入。初二那年秋天，我们在全市比赛中夺得了冠军。

可能因为冠军的光环带来了人气，第二年新加入的队员多达 30 名，导致乒乓球台不够用了。我们去找各自的班主任商量，可得到的答复都是“没有预算”。当时的我已经是学校乒乓球队的队长，不能让学弟学妹们可怜巴巴地空抡球拍练习。于是我筹集了有限的队内经费，在电话簿上一家家地查找乒乓球台厂家，并直接前往交涉。终于，有一家愿意以较低的价格为我们定制一台简化版的球台。

后来我升入了大阪府立布施高中，这是一所重点高中，且离我家不远。这所学校校风自由，学生自治团体拥有较强的自主权，许多活动也都由学生自己安排和运作。

我一开始对生物产生了兴趣，于是加入了生物社团；到了高二，我转到了电影社团，顿时为电影艺术的魅力所倾倒。最夸张的时候，我一个月要看 30 部电影。在高三那年的校文化节上，我自己创作了脚本，并将其用 8 毫米胶片摄影机拍成了电影。

高中时，与电影社团的伙伴们在一起（最后排从右至左第二名为笔者）

我一边充当校报的影评人，一边与周边高中开展交流，创立了 4 校结盟的“东大阪电影研究会”。我作为代表，还自印了名片，跑到市内的各家影院进行交涉。我对影院的负责人说“我们（研究会）的会员会在自家校报上介绍新上映的电影”，作为交换，希望他们能对我们免票。我的交涉不但取得了成功，还为会员们争取到了特别的福利——出席电影导演在大阪举行的见面会，参加观影后的讨论会，等等。

当时是法国新浪潮（La Nouvelle Vague）的全盛期。而我亦沉醉于欧洲电影，尤其是法国电影。生活叙事的内容，个人主义的风格，诗歌般的韵律，对于青春期的我而言，可谓颇具冲击力的影像。电影是一门综合艺术，要想让观众感动，构思、故事和情节必须悉数到位，任何一个环节都不能有所妥协。如今回想起那段高中时光，我发现与学习相比，自己还是电影看得多，而这让我之后的人生颇为受益。

19 岁时的决断“工厂必须开下去”

当时，我曾经想过将来当一名电影导演，可父亲一句“别犯傻”便完全否定了这个刚刚萌芽的念头。我也明白现实情况——作为家中长子，迟早要继承父亲的工厂。于是我开始收心，为了应对高考而埋头学习。我脑中有个想法挥之不去——“人生仅此一次，应该抱有志向。”同时另外一句谚语也在刺激着我——“宁为鸡头，不做凤尾”。

高三那年夏天，高考复习进入关键阶段，父亲被查出癌症。

虽然接受了手术，但为时已晚。祖父在 4 年前（我还在读初中时）去世，享年 76 岁。面对这样的现实，身为长子，我只能尽快继承工厂，养活家人。我心想“这便是我的人生”。事已至此，先前的迷惘反而一扫而光。

与家人商量后，大家一致决定瞒着父亲。“你有在上大学吗？”当时，在家中卧床休养的父亲时不时会这么问我。我则撒谎道：“我落榜了。”于是我每天早上假装出门去复读班，一走出正门，便绕到后院的工厂里。为了掌握所有工作方面的技能，我看样学样地拼命努力。

那年 7 月，父亲才刚 42 岁，便离开了人世。如果弟弟妹妹将来有意愿进入大学深造，那我至少要满足他们；而工厂里的 5 名工人也要维持生活；所以说，“工厂必须开下去”。刚满 19 岁的我，当时默默在心中如此起誓。

靠年轻取胜

——每日不眠不休，养家糊口

只说“Yes”的经营方式让我获得成长

父亲创建的塑料制品厂，其大部分业务是承接代工。客户提供原料，我们则按要求生产部件，然后交货。每个几十日元的加工费是唯一的赚头。“父亲去世，你很不容易吧。我们会支持你的。”虽然客户们这么说，但生意归生意，真正赚钱的好活儿是轮不到我的。

自身的优势唯有年轻，因此我决定，不管客户提出什么要求，我都全盘接受，只说“Yes”，绝不说“No”。交货期、生产成本、业务内容……其他公司基于各种因素而推掉的订单，我却欣然接受。或许是性格所致，我天生拥有较强的进取心和探求心，最喜欢思索和钻研，因此越是碰到难题，我就愈挫愈勇。

幸运的是，订单接连不断。

工厂作业时间为早上 8 点至晚上 8 点。待 5 名工人下班回家后，我便留下来独自加班到天亮。如果不这么做，我就无法赚到足够的生活费养家。只要多干一分，便能多赚一些。一想到这一点，我便能克服睡意。到了早上 8 点，我便和工人们交接，然后吃完早饭去跑业务。中午稍微睡一会儿，傍晚送货，晚上接着去工厂加班。就这样一天 24 小时连轴转，且几乎天天如此。

不想让企业止步于承接代工

当时，塑料加工成型技术尚未完善，也没有相应的行业刊物和专业书籍，因此只能靠自己摸索和改良。“能否进一步简化工序”“能否进一步降低成本”……我当时经常要思考这些问题，并对既有生产设备进行改良，或者自主设计相关部件，然后委托铁皮加工厂制造。

前面提到，我从小就在附近的作坊和工厂之间穿梭，这样的经历也发挥了作用。每家作坊和工厂都有自身的优势和特点，它们都为我改良自家工厂的产品提供了启发和灵感。后来，客户开始给“大件”订单，即大型塑料制品订单。我当时根本买不起大型的塑料加工成型机，于是采取惯用的办法——自主设计机器的相关部件，然后委托铁皮加工厂制造。这种“大山特色”的生产设备灵活机动且成本低廉，因此具备极强的竞争力。

在客户看来，我是个只说“Yes”不说“No”的人，且永远面带微笑。如此便利的代工企业实在难找，于是订单量直线上升，经营状况也较为理想。

瓶颈在于人才和资金。工厂算不上历史悠久的老铺，作为社长的我也只是个刚 20 出头的毛小子，很难招募到优秀人才。于是乎，我只得与既有的员工一起，为了生存而拼搏，为了成长而努力。换言之，我作为社长，与员工并非上下级关系，而更像是同舟共济的伙伴。

笔者 19 岁时的样子 摄于自家工厂大门前

不仅如此，当时我的企业属于商界中的“无名小卒”，且能够抵押的土地也少得可怜，因此银行不愿提供融资贷款。我唯一能够使用的金融手段是票据，依靠票据上的金额来购买新的生产设备。“万一票据成了空头支票……”当时，这样的担心和恐惧一直伴随着我。30 多年来，爱丽思集团的期票也好，汇票也好，从未遭遇拒付的情况，也几乎没有背负过任何债务。之所以能够做到这一点，就是那个时候被逼出来的。

总之，厂里的经营状况好歹渐入佳境，员工也开始增加。大阪有不少电机等设备的制造商，假如安于现状，按照大企业的要求，扮演好代工厂的角色，那么也能保证平稳发展。

顺便说一下，我高中毕业后，立刻去考取了驾照，然后买了一辆二手的轻卡，开始直接给下游客户送货。不少代工厂没有一丝主动权，订单由上游客户提供，送货也由上游客户负责，但我不喜欢这种方式。我希望把自家产品亲手送到下游客户手中。如今回想起来，这种念头的背后，或许早已隐藏着自己对“以代工谋生”这种企业经营方式的质疑。

随着时间的推移，我的想法逐渐清晰——我不想让企业止步于承接代工，也不想一辈子就当个只知道承接代工的社长。

去代工化

——自主研发渔业养殖用浮体

希望自主定价

22 岁那年，我正式决定让自家企业“去代工化”，从而转型为一家独立的制造商。至于做出如此重大决断的动机，各位读者可能不太相信，当时完全是出于正义感。

按照行业惯例，每隔半年，提供订单的客户就会压价。倘若代工厂拒绝，就会失去订单。假如压价使得店面零售价降低，那么也算是回馈消费者；可现实情况是，绝大部分利益都进了上游客户的口袋。换言之，为了满足压价条件，虽然我们代工厂做出了诸多努力，但几乎没能回馈给终端消费者。

健康的商业关系应该是相互平等的，可大企业与代工厂之间却更像是一种隶属关系，这让我渐渐无法忍受，并萌生了强烈的意愿——自己的产品要自主定价；哪怕降价，也要按照自己的意志来。

既然要成为独立的制造商，就必须拥有自家的特色产品。在我冥思苦想时，一位友人给我指了条明路——“渔业养殖用的浮体似乎蛮有前景的”。

当时的日本，正值珍珠养殖业的热潮。尤其是三重县的志摩半岛，可谓最为兴旺的珍珠养殖基地。渔民们先是用木筏作浮子，在近海养殖珍珠贝；随着珍珠出口量的增加，近海海湾已经无法满足需求，于是开始在外海养殖。问题在于，由于木筏容易解体，因此不适用于外海养殖。取而代之的是球状的浮体（Buoy），用绳子把一个个浮体串起来，便能发挥木筏的作用。当时的浮体都是玻璃材质，容易在物流环节和串绳过程中碎裂。而且球状的浮体表面没有挂绳孔，必须先用网兜把它们包起来，然后才能串绳，非常费时费力。

珍珠养殖中用浮体来吊住贝类（三重县志摩市）

就像用塑料瓶替代玻璃瓶一样，用塑料浮体替代玻璃的不就行了？说干就干，我不仅在材料上下功夫，还改良了浮体本身的设计。最终研发出了橄榄球状的塑料浮体，与圆球状的相比，在海面上漂浮时，这种形状更为稳定。此外，为了串绳方便，我还在浮体上加了类似耳朵的绳孔。虽说微不足道，但也算是一种创新。塑料材质果然拥有优势——与玻璃相比，其在成型过程中更为自由和灵活。

自产自销 有何不可

虽然瞄准的是规模较小的细分市场，但好歹是我们公司的首款特色产品。这种新型浮体在三重县获得了好评。再加上当时珍珠热潮的蔓延，濑户内海和九州地区的珍珠养殖户都在增加。我打算趁机推销，却遭遇阻碍——向渔业工会出售相关用品的批发商态度冷漠，不愿接受我的产品。

只要产品又好又便宜，我就不信卖不出去。于是我走访各家珍珠养殖户，向他们直接推销。当时我整天忙着跑业务，来回于各地珍珠养殖户的办公室，还乘晚上的火车赶到长崎县。我总是带着一颗有西瓜那么大的浮体样品，乘火车时先托运，到站后，便抱着它搭出租车。

他们起初对我心怀警惕，之后渐渐接受了我的产品。后来，一家与渔业工会存在生意往来的商社打电话找我。“来我们公司一趟！”对方态度很不客气，但我依然欣然赴约。来到对方公司后，他们对我软硬兼施——又是发怒又是劝诫。我则回应道：“你们不肯接受我的产品，所以我才直接去推销的。我只是自产自销而已，有何不可？”面对我如此坚决的态度，对方答应协商解决。经过谈判，我把产品分销权交给了他们，创造了双方共赢的局面。

得益于那家商社的销售渠道，北海道扇贝养殖工会也成了我们的客户。为了拓展这块市场，满足扇贝养殖户的需求，我们公司又研发了塑料筐，用于代替传统的养贝竹筐。不仅如此，我还渐渐摸到了渔业养殖市场的门道——由于其属于第一产业，因此只要调查政府和团体的拨款补助明细表，便能大致掌握热点行业及市场规模。

通过上述经历，我确信了一点——只要顾客喜爱，产品迟早会被市场接受；但与此同时，我也认识到了另一现实情况——即便制造商做出好产品，也会遭遇流通业的瓶颈，从而减缓其在市场中普及的速度。

农业用品热潮
——宫城建厂

商品热潮退去　倒闭热潮袭来

前面说了，渔业养殖用浮体是我们公司第一款自主产品。其在1966年研发，并于同年开始销售。以此为契机，我们公司不断拓展与水产业相关的产品线。尤其是当时的浮体，真可谓如日中天，不管生产多少，依然供不应求。可就是如此兴旺的市场，却断送在了一位女性的手中。

欧洲女性原本偏好沉稳雍容的连衣裙和职业套装，因此需要拿珍珠项链和珍珠耳环作配饰。这是当时日本珍珠出口量不断增加的重要原因。旺盛的需求意味着产量的提高，我们公司的浮体也因此大卖。然而一位英国名模的横空出世，却让这股珍珠热潮画上了句号。她叫徐姿（徐姿，英文名为“Twiggy”，1949年9月19日出生，本名宁丝利·汉拜〈Lesley Hornby〉，英国名模、演员及歌手。——译者注），其推崇的轻便式迷你裙一时成为欧洲女性们争相效仿的穿着风格，而这也导致珍珠饰品的需求量一落千丈。于是乎，日本的珍珠养殖户接连破产。这也让我切身感受到了扎堆流行的恐怖之处——它既能一夜成就你，也能瞬间毁灭你。

我决定还是要求稳，于是开始物色根基较为扎实的市场，最后锁定了农业。当时，大阪有两家制造农业机械的大企业，它们正在研发和改良插秧机，试图将农民从手工插秧的辛苦劳动中解放出来。

育苗箱是插秧机不可或缺的一部分，传统的育苗箱为手工木制，因此其生产速度根本赶不上日益扩大的需求量。再加上木材怕湿，往往用了一年后就会翘曲报废，实在算不上好用。当时市面上也有坚固廉价的塑料育苗箱，但由于透气性和保湿性欠佳，因此育苗效果较差。

我建起温室，反复进行育苗试验，最终研发出了真正好用的塑料育苗箱。为了让植物在生长过程中获得最为合适的水量，我在育苗箱的底部形状等方面下了一番功夫。成品不但轻巧，而且第二年照样能用，再加上育苗效果较好，在发售后自然大卖。我们公司在育苗箱市场所占的份额也迅速扩大。

起初，我委托东大阪的工厂代工生产这种新型育苗箱，但随着销量的一路走高，其产量已经跟不上需求。同时，北海道及东北等地的顾客也希望我们公司能在当地新建工厂。

借地建厂

从替代传统马口铁材质的塑料灯油罐，到新型的塑料浮体等。我们公司当时的主打产品都是吹气成型的塑料制品。虽然结构中空，但体积较大，导致远距离运送的物流费用支出较高。假如能在产品的热销地区附近办厂，对公司而言也大有裨益。

在日本东部的何处建厂呢？通过观察地图，我发现宫城县最合适，因为它离东京和北海道的距离几乎相等。于是我托人寻找建厂用地，最后找到了一块与仙台机场相邻接的规划用地。这块地靠近海边和主干道，与大阪之间的交通也较为便利，可谓完美无缺。

当时，宫城县知事也批准了我们公司的购地及开发申请，相关设计图也已完成。为了保证新工厂能尽快开工生产，我还早早地订购了相关设备。可人算不如天算，就在一切就绪时，宫城县议会却因为其他事情而陷入争斗。受其影响，我们公司的用地手续得推迟一年才能审批下来。在那之前，我们无法建厂。

1971 年，摄于大河原工厂建厂前的空地（左边为笔者）

可用于生产的机械设备眼看就要运到了。我十分焦急，于是拜托宫城县的有关部门帮忙寻找其他用地，终于在大河原町的河川沿岸找到了一处适宜的土地。该土地与上述等待审批的规划用地不同，前者属于“非指定用途”的土地，因此不需要办理

“更改指定用途”的繁杂手续。话虽如此，购地手续还是免不了的，可当时时间紧迫，我便姑且先借下这块地，然后立刻叫来施工车辆，开始建厂。1972 年 7 月，虽然比原定计划晚了两个月，但新厂终于开工生产了。它便是如今的大河原工厂。工厂最初只有 150 名员工，之后不断发展，厂房也数次扩建。

当时我 27 岁，正值父亲去世 8 周年，也是我继承企业的第 8 个年头，公司的年销售额已经从起初的 500 万日元增至 7.6 亿日元。在如此顺风顺水的经营状况下，谁又能想到，石油危机的阴影正在步步逼近。

石油危机

——关闭故乡大阪的工厂

库存积压 价格雪崩

公司在宫城县落脚的第二年，也就是 1973 年，在秋天爆发了第四次中东战争。塑料属于石油产品，随着油价飞速上涨，其价格也一路攀升。当时，与跑业务相比，我的大部分精力反而用在如何确保生产原料上。公司产品的销售额急速走高，简直到了“做多少卖多少”的程度。到了 1975 年，公司的销售额已经接近 2 年前的 2 倍，高达 14.7 亿日元。

然而，在到达这个销售顶点后，产品突然卖不出去了。我百思不得其解，于是赶到批发经销商那里了解情况。“出什么问题了吗？”面对我的询问，他们答道：“大山先生，你过来看看。”对方打开了仓库大门，映入眼帘的是堆积如山的库存。

这时我才知道，大家都以为原油价格还会持续上涨，所以不断囤货。这和消费者大量囤积卫生纸的行为相同——高销量只是假象，实质是需求的提前透支。第四次中东战争打了 2 年，持续攀升的油价刚趋于平稳，我们的产品就立刻出现滞销情况。

不久后，价格开始雪崩。抱有大量库存的批发经销商也好，我们公司的业内竞争对手也好，都开始亏本抛售。市场价格体系一片混乱，不管制造商如何控制成本，都无法避免赤字，反而陷入了“卖得越多，亏得越多”的怪圈。我们公司的销售额也一落千丈，每年减少两到三成，最后甚至倒退至在宫城县建厂之前的水平。

身不由己 忍痛解雇家人一般的伙伴

面对这种情况，原本一直与我保持良好合作关系的批发商突然翻脸，开始对我疯狂压价，甚至终止合作。这也让我明白，制造商假如没有自己的商品流通渠道，就可能在一夜之间被经销商剥夺商权。我并不记恨他们，商场如战场，面对危机，大家都在拼命求生存。

总之，10 年拼搏得来的家底，在混乱的 2 年间消耗殆尽。我四处筹措资金，为了避免票据成为空头支票，还反复申请延期票据的付款日。有一天，我从东京客户那里乘新干线回大阪总部。坐在车上，我一次次地劝自己“要不撒手算了”“把公司转让给别人，或者干脆关门，然后去当个上班族”……

但随着列车渐渐接近大阪市内，我心中懦弱的一面逐渐消失。“再努力一下吧！”我如此鼓励自己。既然无法回头，便只能继续前进。最终，为了保住公司，我不得不做出裁员的决定。而最大的问题在于，公司当时已经没有能力同时运营两家工厂。

大阪的工厂由父亲创建，而且我家与厂房是一体的，不少亲戚和朋友也住在附近。而最重要的是，大阪工厂有不少老员工，先是追随我父亲，之后又与我风雨同舟，简直情同家人。

但宫城县的工厂设备先进，且规模更大。为了让公司存活，究竟该怎么做？在我看来，出路只有一条——“留宫城新厂，关大阪老厂”。

关注营收
——绝不再裁员

景气时赚钱 不如萧条时盈利

迫于形势而关闭的东大阪工厂，当时共有 50 多名员工。我向他们当面致歉，并提出建议——愿意的话，可以去宫城县的工厂继续工作。结果愿意去的只有 4 人。当时是 1978 年，由于交通尚不发达，对住在大阪的人而言，东北地区已经非常偏远了。

我和他们吃散伙饭，大家一起举杯畅饮、互相握手，其中包括最早的 5 名元老级员工。他们曾经与我同甘共苦，把公司做大做强。当时我 32 岁，而员工之中有不少人比我年长。为了拯救公司，我不得不辞退他们，此举让我感受到何谓“切肤之痛”。他们理解公司的情况，也体谅我的苦衷，所以并没有提出过分的要求。

虽说保住了宫城县的工厂，但迫于形势，原先的 150 名员工也裁减了一半。我还向银行等金融机构低头求情——“我们公司今后会改变商业模式、改善经营状况，请务必帮我们一把。”在裁员后的一段时间内，我们生产过腌制酱菜的塑料桶和腌酵食品的塑料容器。虽然销售额减半，但相关经费支出也得到压缩，因此总算消除了赤字。可假如长此以往，之前的借款便永远无法得到偿还。

我开始认真反省自己的过失，首先得出的结论是“绝不再裁员”。这种痛苦，我不想再经历第二次。

那么问题来了，为了避免裁员，应该怎么做呢？不管哪个行业，都会有景气和萧条的时候。景气的时候扩招员工，萧条的时候又是缩手又是裁员，这与我理想中的经营方式不符。经过一番思索，我得出了自己的答案——“与其景气时赚钱，不如萧条时盈利。”

这个结论后来进化为爱丽思欧雅玛的第一条企业理念。该理念的完整陈述为“公司的目的是永远生存发展，在任何时代环境中，都必须建立一个创造高效益的组织机构”。如今，每位爱丽思欧雅玛的员工都能背诵它。而这条理念中，蕴含着我 40 年前立下的决心——绝不让裁员的悲剧再度发生。

“永不言弃”

在遭到石油危机的重创之前，公司的核心工作几乎由我一手包办。从研发、生产、业务到财务，我都要经手和审核。这种体制的局限性渐渐凸显。当时，我的弟弟富生从大学毕业，就职于一家商社。我对他说道：“你把工作辞了，来帮我打理公司吧。”于是他以大阪为据点，负责公司的业务和管理；而我则专注于宫城县工厂的研发和经营工作。如今，他已经是爱丽思欧雅

与妻子照枝合影，摄于新婚旅行时

玛的专务了。

在不幸裁员的第二年，我还创立了“公司干部研修会”，该组织延续至今。最初的参加人数为8名，我们在一段时间内同吃同住，彻底探讨公司今后的发展问题。在讨论过程中，谈到了社长权力的问题，大家一致认为，一家企业的社长之所以能够制定经营方针，是因为其独占了相关信息；反之，假如公开相关信息，那么员工也能制定经营方针，且八九不离十。鉴于此，我决定在公司内部实现经营信息的公开透明，建立让员工“群策群力”的机制，从而使管理人员能够发挥与企业家同等的经营才能和主人翁精神。

此外，我当时的个人生活也有了巨大变化。在公司陷入石油危机的混乱之前，也就是业绩达到顶点的那年，我与佐藤照枝结婚了。她是仙台本地人，在仙台机场工作。当时，我乘飞机频繁来回于宫城和大阪，因此在仙台机场也算是个名人了。我俩相识相知，可谓水到渠成。婚后不久，公司便遭遇危机，而她一直支持我，是我的贤内助。不久后，我们的两个孩子出生了。

不管是作为企业家，还是作为父亲，都必须永不言弃。我已经牺牲了老员工的利益，关闭了父亲为之奋斗的老厂，还背井离乡，这才挽救了公司。我怎能言弃？于是我开始思考具体对策，誓要将公司扭亏为盈。于是乎，作为“二次创业者”，我的第二乐章奏响了。

第三章　通向制造供应商之路

市场营销

——在家庭园艺领域创造需求

浏览 140 万家企业的数据

在步入而立之年前，我采取的是“基于生产能力的经营方式”。换言之，我把产品力视为企业竞争力的全部，试图依靠提供大量的低价优质产品，来达到提升市场占有率的目的。这可谓制造商的“王道法则”。可结果呢？我陷入了窘境。

在当年石油危机的冲击下，80% 的塑料制品企业都出现亏损，但剩下的 20% 却增加了利润。我研究发现，这与它们的规模和技术实力无关，完全是市场营销的成果。换言之，这部分企业抓住了顾客的需求点，并推出与之契合的产品和服务。至此，我才领悟到市场营销的重要性。

此外，我还明白了一点——与企业级市场相比，消费级市场受经济形势的影响较小。我可总算认清了方向。

于是乎，我开始寻找公司应该进军的具体领域——既要发挥既有优势，也要确保收益和前景。为此，我向帝国数据银行（Teikoku Databank,Ltd.）购买了 140 万家日企的经营数据。通

笔者在三田工厂的产品展示室（1987 年）

过对数据为时半年的认真分析，我最终注意到了两家生产园艺用品的企业。他们都是地方企业，规模较小，但销售额逐年增加，且利润率较高。

传统花盆往往都是素陶器，不但笨重、易碎，且容易滋生苔藓。假如用塑料做，那么花盆不但轻巧坚固，且色彩多样。但陶器材质的优势是通气性和锁水性好，这些特性十分利于植物的生长。对此，我借鉴了之前研发农业育苗箱的经验，灵活运用类似的技术，研发出了网底塑料花盆和柳帘花架。这样的设计既能防止浇水过度而引起的烂根现象，也能避免浇水过少而造成的枯根情况，消费者能够方便省心地享受园艺的乐趣。

而最终的目的是“创造需求”，就如同电影剧本中的“整体构思”。对于这些新产品，我所描绘的故事是“快乐舒适的生活”。而在进行广告宣传时，我打出的概念是“自己动手的园艺乐趣”。我当时坚信，虽然眼前的市场规模尚小，但随着人们生活水平的提高，这块市场无疑会日渐扩大。在思考这一战略时，高中时代看的电影给予了我不少灵感——那些电影里经常会出现欧洲家庭的场景——院子里种满花草，十分精致。

“做好的产品放哪里卖？”这是我当时面临的一大问题。传统的苗木店规模太小，陈列的商品也以种子为主；而综合超市的园艺区亦是如此。

于是乎，我把目光投向了当时属于新兴业态的家居建材店（Home Center），它们卖的是金属器具、涂料和木材等适用于“DIY（Do It Yourself）”的工具和材料。这些店往往开在郊外的公路沿线，卖场面积较大。“在土里埋下种子，然后浇水施肥，这本身就是‘DIY’的一种。”在我如此努力的推销下，1980 年，名古屋的 KAHMA 家居建材店（如今的 DCM KAHMA 家装超市）答应让我们的花盆和花架进入卖场，结果立刻大卖。

一旦和第一家合作方做出了业绩，接下来的生意就好办了。而且作为 KAHMA“大本营”的爱知县，其本身就是一个园艺产业较为兴旺的地区，不少消费者都很专业。我们的产品通过了他们的考验，等于是增加了我们公司的信誉度。

妻子挂帅 一家人共同研发新品

之所以能取得如此成功，其实背后的“军师”是我的妻子。她在宫城县长大，自小酷爱园艺。我们当时的新家并不大，只有一小块庭院。即便如此，她依然乐在其中，不但把院子拾掇得漂漂亮亮，还种上了花草和蔬菜。而我小时候由于家周围都是小作坊和工厂，因此对花草园艺一窍不通。所以说，在妻子面前，我和我们的孩子一样，都属于零起点的“菜鸟”，在她手把手的教导下，一点点地学习园艺知识。多亏了她，让我对园艺有了认识和了解，我才能想到上述创意，并将其变为现实。

换言之，最好的研发场所不是实验室，而是看似稀松平常的生活场景。“有这样的工具该多方便”“这么一来就好用多了”……在我家里的小小庭院里，我和家人一起，发明了一件又一件大卖的产品。通过“想顾客所想，急顾客所急”，把顾客的潜在需求以产品的形式具体呈现，并陈列在较为轻松惬意的购物环境中，这便是在创造市场。

销售额增至 2 倍
——为“宠物热潮”打了一针强心剂

创造了全新理念——“宠物即家人”

经过努力，以园艺爱好者为对象的市场规模有所扩大，但毕竟是围绕着植物的领域，因此受季节的影响很大。为了进一步开拓市场，让园艺用品进入千家万户，我修改了概念和口号——从“自己动手的园艺乐趣”变为“装饰点缀的园艺乐趣”。理由很简单，不少人虽然讨厌因为拾掇花花草草而搞得满手是土，但也希望自家院子漂漂亮亮。

可当时市面上的家用花盆都很普通，只能够放在水平面上，而要营造庭院整体的绿色景观，就必须呈现富有立体感的视觉效果，因此需要诸如木制结构围栏和钢丝支架等工具。为此，我们公司开始研发木制品和金属制品。

除此之外，洒水用软管卷收器也是我们当时的拳头产品之一。传统卷收器的卷盘部分是金属材质，而我们则用塑料代替。在卖场里，我们把卷收器和软管以套装的形式销售。而在广告宣传方面，我们也不遗余力。当时，我们公司赞助播出的节目《快

公司进军狗屋等宠物用品的相关市场（交易会现场，摄于 1993 年）

乐的家庭园艺》在各大电视台播出。这档节目引爆了“美化夜间庭院”的热潮，大家纷纷购买我们公司推出的彩灯，用于装饰自家庭院。换言之，是我们公司创造了日本的家庭园艺市场，我对此颇为自豪。

接下来，我又聚焦于宠物市场。当时，我的两个孩子刚读小学，他们叫我给他们买只小狗当宠物。我和妻子都是爱狗之人，于是欣然答应。为了给小狗的到来做准备，我买好木料，自己动手建狗窝。而在作业的过程中，我灵机一动——“假如用塑料来做狗窝，效果会如何呢？”

当时，家犬的窝几乎都是胶合板做的，优点是价格便宜、搭建方便；缺点是不防水、留狗味，且难以清扫，容易滋生细菌。不仅如此，日本人先前的爱狗意识并不强——在院子角落搭个狭小的狗窝，里面铺上旧毛毯，拿剩饭剩菜喂食。这曾经是家犬的“标准待遇”。

当时，这种陈旧的意识正在发生转变，把宠物当成“家庭一员”的人不断增多。于是我乘势出击，在1987年提出了“宠物即家人”的概念，并正式进入了宠物用品市场。我们公司生产的塑料狗屋不但颜色多样，且防水卫生、便于清洁。一经推出，便呈现出可称之为“极度火爆”的销售势头。和园艺用品一样，我们把家居建材店作为销售平台。至于说服对方铺货的措辞，我也是如法炮制——“宠物用品也属于‘DIY’产品。”毕竟它并非生活必需品，属于满足人们爱好的休闲工具，这一点与园艺用品如出一辙。

以前的日本人之所以养狗，主要是为了看门。因此狗在家时，是整天被铁链锁着的。但既然是家庭一员，那么就不能如此对待了。于是乎，放养用的环形笼，室内用的狗厕所、狗床单及狗笼，出行用的宠物外出包，训练用的磨牙肉干，等等，各种消费需求被创造出来。而对养猫人士也是如此——猫厕所、猫砂、罐头、去异味的空气净化器、吸猫毛的宠物版吸尘器……创意可谓一个接一个。此外，我依然把电视作为宣传媒体，对想养宠物的潜在顾客展开“攻势”——通过电视节目，向观众普及饲养宠物的礼节和知识。我们公司发动的这场“启蒙营销”大获成功，直接掀起了日本社会2000年后的宠物热潮。

以媒体和卖场为阵地刺激消费欲望

要想创造原本不存在的需求，仅凭创意是不够的，还必须利用媒体和卖场，启蒙和引导消费者。如果不灵活运用媒体进行宣传，如果不在店头配置大量热情的推销员，就很难引发爆点、创造市场。布置卖场也好，制作 POP（店头促销道具）也好，都要紧扣季节感，从而有效地刺激顾客的消费欲望。作为制造供应商，我们公司会亲自设计广告传单、制订促销计划、向经销商提供方案，甚至直接为卖场配置导购人员。

在我看来，近年来消费市场之所以逐渐萎缩，与各大卖场对营业员的过度削减很有关系。关于这点，我会在后面具体阐述。

如果把做生意比作钓鱼，那么企业家的任务便是把渔船引到有鱼的地方。先是园艺用品，后是宠物用品。这两类产品的大卖，使我们公司的销售额在短短 2 年内增至 2 倍多。

透明收纳

——“找不到衣服”的尴尬 促成了新产品的诞生

生活中的“不便”成就了创意源泉

1987 年 5 月，当时正值黄金周长假期间。一天清早，我和朋友约好去海上钓鱼。朋友早早来到我家，等我出发。5 月天气乍暖还寒，于是我想穿件厚点儿的毛衣出发，可妻子已经把冬天的衣服收好了。我打开一个个放衣服的收纳箱，却迟迟找不到想要的毛衣，翻出来的衣服散落一地。

我的举动吵醒了还在熟睡的妻子，于是她和我一起找毛衣。我们翻遍了所有收纳衣服的地方。因为不好意思让朋友久等，所以我心中的焦急逐渐升级，态度也变得越来越不耐烦，最后和妻子吵了起来。结果发现，厚毛衣放在我们最后一个打开的收纳箱里……冷静之后，我对妻子说：“别人家里应该也会发生这种状况吧。”“是啊。”妻子答道。于是乎，一个点子在我脑中出现——如果把收纳箱做成透明的，那么不用打开箱子，就能确认里面是什么衣服。这种产品，顾客一定会喜欢。

日本四季分明，人们对服饰较为讲究。随着人们生活水平的提高，大家衣服越买越多。衣柜里放不下的，就会塞在纸板箱或不透明的塑料收纳箱里，然后置于壁橱或储藏室中。每到换季时，都要重新调整衣柜里的常穿衣服。

问题在于，人们的物质在丰富，但住房面积并未随之增加。尤其对家庭主妇而言，收纳衣服的场所也好，整理衣服的方式也好，都是令人极为头痛的问题。有的人在箱子上贴条，上面写上诸如“孩子他爸的冬季衣服”之类的注释，但随着箱子里衣服的拿进拿出，其内容物往往已经大变样，可一遍遍地重新注释和贴条也太麻烦，因此这个办法逐渐被人抛弃。

明明是便于收纳的工具，可当需要用到里面的东西时，找起来却是如此麻烦。究其原因，是其设计初衷导致的——传统的收纳工具只考虑到了“收纳”功能，却忽略了“寻找”这个消费者的痛点。鉴于此，我们公司以“便于寻找的收纳方式”为核心理念，着手研发新产品。

当时，面向普通消费者的家用收纳箱往往都由不透明的聚丙烯制成，其优点是成本低廉、加工简单。为了让产品显得美观，各厂家一般都会在配料中加入着色剂，从而使成品呈现各种颜色。虽说聚苯乙烯能够实现透明的效果，但这种材料较为脆弱，做成的收纳箱一跌落就会开裂。

找东西的压力一扫而光 新产品一炮打响

幸运的是，当时透明的聚丙烯材料已经问世，但其研发的初衷是为了制造一次性注射器，属于专业的医疗用品原料，因此产量低、进价高。而对于计划推出的新产品，我希望其售价控制在市场既有产品的 1.2 倍左右。为此，必须把这种原材料的价格压低一半。

我对材料生产商说："（只要价格适当）我们公司的需求量会非常大。"经过协商，我们公司和对方决定一起研究新工艺。经过 2 年的努力，终于降低了材料的生产成本，其进价变为原先的一半。

好不容易做出了这种透明的收纳箱，可不管是批发商的采购负责人，还是我们公司自己的业务员，却都不看好这种新产品。他们一致认为"（新产品）归根结底也只起到收纳作用，与市面上的产品无甚差别，但价格却更贵，因此不可能有销路"。这种意见也并非无理取闹，毕竟这是一种史无前例的全新产品。

一番讨论之后，大家想出了一个折中的办法——姑且先把新产品放在卖场，从而观察顾客们的反应。为了保证公平客观，也不添加任何特别的宣传海报或贴士，而是把它们和那些普通的不透明收纳箱摆在一起。结果非常明显——仅仅不到 2 周，价格较高的透明收纳箱就一炮打响，其销售额已然超过了传统的不透明收纳箱。

"必须抓住机会！"基于这样的想法，我要求各经销商正式大量铺货。与此同时，我们公司也斥资宣传，投放了大量电视广告，最终使透明收纳箱的销量暴涨。

透明收纳箱在交易会上大受欢迎（摄于 1993 年）

为了不断推进这种创造出来的市场需求，我决定扩大产品线，于是在日本各地建立分厂。之后，“便于寻找的收纳方式”成了一种社会现象，从透明小匣子到透明文具盒，我们公司的产品件件大卖。毫不夸张地说，是我们公司的新产品改变了日本乃至全世界的收纳文化。

批发商的壁垒

——穷则思变“自建渠道”

“就当你们是批发商了”

1980 年，当我们公司进军园艺用品的消费级市场时，作为制造商，与批发商之间的矛盾开始凸显。

当时，我们还是一家名不见经传的地方性企业，且推出了前所未有的全新产品。在批发商眼里，我们的产品属于棘手的新事物，完全不知道卖不卖得出去。出于无奈，我只能派公司的业务员陪着批发商的采购负责人，双方一起去向零售终端的负责人推销商品。

随着交易量的增加，批发商却开始拖后腿——他们控制进货量，导致我们公司的热门产品频频断货，于是零售商开始抱怨批发商。但对批发商而言，与其积压库存，还不如控制进货数量。拜其所赐，那一年，在产品需求量最为旺盛的初春时节，各大零售商的店头却没有充足的货量。面对如此严重的问题，我深刻体会到了何为“批发商的壁垒”。

出于无奈，我只得放眼于当时属于零售业“新兴势力”的家居建材店。我绕开批发商，开始和他们直接交易。起初，交易规模不大，再加上对方尚且属于零售业态中的“后进小生”，因此开具的条件也较为宽松，比如允许以“箱”为单位供货，而并非一定要以单品形式供货。可随着时间的推移，我们的产品逐渐热销，对方的态度开始发生变化。

当时，家居建材店十分依赖于批发商，从商品的陈列、展示、定价，到装修调整和新店开张，等等，全都会要求批发商提供协助。随着交易量的增加，对方也向我们公司提出了类似的各种要求——包括配置导购员、以单品形式供货等。对方给出的理由很简单——“就当你们是批发商了”。

全新挑战　受到业界抨击

面对这样的要求，我不得不做出抉择——是重新去找批发商，走原先的老路；还是大胆革新，让自己的公司完全具备批发商的所有功能。从当时的规模看，要把我们大河原工厂的产品销往全国各地，还是委托批发商更为经济。但劣势是失去了主动权——我们力推的新产品是否能够在各家零售商的店头陈列，完全仰仗于批发商的意愿。

当时，公司内部的多数派倾向于求稳，主张“和其他制造商一样，还是委托批发商算了”。而我则想起了石油危机时的苦涩岁月——公司岌岌可危、濒临破产；先前合作愉快的批发商突然翻脸，转而与报价更低的制造商签约。这导致我们公司丧失了很多重要的商权和渠道，年销售额锐减一半。既然我的理念是“不管景不景气，公司都要盈利”，那么就应该自建渠道，从而掌握主动权。

“公司今后必须兼具批发商的功能。”我毅然选择走这条险路。这与我创业初期的理念也十分吻合——“尽量自己动手、丰衣足食，尽量为公司积累宝贵的经验财富”。方针已定，说干就干，我立即着手扩大与各家零售商之间的交易规模。

结果，我成了“千夫所指”的对象——“背叛批发商的家伙”“缺乏商业道德的坏人”……各种骂名接踵而至。有的批发商为了报复我，采取大量恶意退货的手段。当时虽然面对诸多难题，但我非常乐观。在我看来，批发商能做到的，我们公司也能做到；一旦和零售商搞好关系，剩下的关键问题就只有市场营销而已。

在鸟栖建厂的签字仪式（1989 年，摄于佐贺县鸟栖市政府）

需要注意的是，“制造供应商”不同于一般的厂家直销概念。后者只要直接把产品送到零售商手上即可；而我们则不同，还必须承接一系列配套的服务工作，譬如货品的陈列、摆放，以及卖场的具体布置，等等。

在产品线方面，也不能维持单一的塑料制品类，还必须研发不同材质的热销产品。送货时也不能再以“箱”为单位，而必须以单品形式供货。总之，不管在研发、生产还是物流方面，我们公司的员工都必须改变固有意识、接受全新转型。

就这样，作为“制造供应商”这种史无前例的商业模式的开拓者，我迈向了全新的挑战之路。

制造商兼批发商
——“迅速推出热销产品”的理念

促进公司员工转变思想

为了追求高效率并削减库存，大牌零售商往往会对批发商提出诸多要求，比如以单品形式供货、多次少量发货，有时还会要求批发商提供人手，帮忙干点体力活。为了满足零售商，批发商就必须在各地设立便于周转的小仓库、保证充足的库存、让男业务员去给零售商帮忙……不仅如此，由于“多次少量”的原则，零售商每次要货都不会很多，但要货却非常频繁，这导致每张票据的交易额很少，但票据的数量却很多。为了处理这些票据，批发商往往需要雇用大量办事细心的女性员工。

既然目标是成为史无前例的制造供应商（制造商兼批发商），那么模仿这种传统做法并无意义。因此，我决定另辟蹊径，走属于自己的特色之路。

于是乎，从 1987 年起，我们公司以“2 年一建”的频率，在全国各地建设工厂兼物流中心。花了 15 年时间，我们终于初步建成了覆盖全国的物流网络。从建成的 8 大物流中心出发，凡是和我们公司有业务往来的家居建材店和零售商，都被覆盖在了 300 公里的范围内，从而实现了“当日下单，次日送达”。于 1992 年建成的角田 ITP 工业科技园（Industrial Techno Park）是其中的典型。其位于角田市山区，35 万平方米的大型建筑兼具工厂、仓库、研究所等重要功能，是我们公司在日本本土的指挥中心。

在上述发展过程中，我深刻体会到“增加硬件设备易，转变员工思想难”。

以前，生产部门的员工以“单品生产”和“大量生产”为纲，把提高机械化程度和生产能力视为职责。但公司既然要兼具批发商的功能，就必须实现“多品种小批量生产”，并以单品形式来管理和供货。倘若无法适应零售商的下单习惯，便只能惨遭淘汰。

位于宫城县角田市的制造、物流及研发中心

如果面对的是农用产品材料之类的企业级市场，那么其需求变动在一定程度上是可测的；但在消费级市场，尤其是生活用品市场，其关键是创造需求，因此完全无法预测。倘若为了避免缺货而一味增加库存，便会对企业经营造成负担。

为此，需要实时掌握销售信息，并根据信息及时调整产量；并以零售商的订单为基准，灵活调整产品线。换言之，不是制造出产品再去卖，而是高效率地制造卖得出去的产品。我一直强调“模具是唯一应该保留的库存”，其本质思想亦是基于此。只有在公司内实现“产销协作”，才能提升整体效率。为此，我反复教育生产一线的员工们，让他们转变思想——从“生产优先”转化为“出货、交货优先”。

通过研发产品 与顾客拉近距离

“制造供应商”的全新模式带来了许多好处。首先是运输环节，从厂里到零售商店头，每一件产品的物流费用都能把控。狗屋之类的产品体积大，重量轻；园艺用土之类的产品体积小，重量重。通过把这两类产品混载，便能有效降低物流成本。其次是生产环节，由于能够实时掌握店头的零售数据，因此生产调度和库存管理就变得较为容易，且便于提前应对。业务员则能够基于数据做出判断，从而向零售商推荐合适的产品。

而要说最大的好处，则莫过于与顾客拉近了距离。由于公司与卖场做到了“无缝连接”，因此与普通的制造商相比，我们在研发产品时，更容易切合顾客的实际需求。换言之，制造产品并非我们的终极任务，而只是一种手段而已，其目的是解决大众在日常生活中的各种不便。至此，我们公司的经营方针再度升级，即从“基于市场需求”进化为“基于顾客需求”。

作为新型的“制造供应商”，为了满足顾客的需求，自然不能将自身产品线局限于塑料制品，于是我们不断扩充产品线，而这也成就了我们自己。可以说，假如我们一直把自己狭隘地定义为“塑料产品制造商”，就没有爱丽思集团的今天。

为了处理大量的票据，我很早就为公司添置了办公电脑。而至于生产设备，我们公司也率先实现了计算机控制，设备运行的程序也都由公司自主开发。为了扩大业务，我还叫来了两个弟弟——繁生（现任公司常务）和秀雄（现任公司财务部长），让他们辞去当时的工作，加入爱丽思。他们两人精通生产技术和 IT（信息技术），成了我的得力帮手。

在开拓园艺用品市场时，我打出了“爱丽思”的品牌。到了 1991 年，我决定弃用原公司名——“大山 blow 工业”，而将整个集团正式更名为“爱丽思欧雅玛”。与此同时，我还制定了企业理念。至此，无论是产品线、物流还是信息系统，我们公司都奠定了较为坚实的基础。接下来，公司开始活跃于世界舞台。于是乎，第三乐章奏响了。

第四章　基于顾客需求的电子商务

走向世界
——依靠多余设备 成功“进军”美国

不与模仿者缠斗 转而开拓新天地

如今，我们公司每年都要推出 1000 种新产品，产品总量多达 16000 多种。其中，推出时间不足 4 年的新产品是主力军，其销售额占总量的一半多。令人无奈的是，我们的新产品一旦大卖，很快就会被竞争对手模仿。

对于公司的所有产品，我们都彻底贯彻单品化的成本管理。一旦某种产品不再盈利，我们就会选择另辟蹊径，而非“亏本赚吆喝”。哪怕是我们公司所独有的产品，一旦售价跌破成本价，起初我们会想办法降低成本，但假如效果不佳，我们便不会再纠结于此，而是转手研发新产品，从而弥补缺失的那部分销售额和利润。

以前面提到的透明收纳箱为例。它于 1989 年开卖，由于人气爆棚，光是日本国内，便有 30 家公司推出了模仿的产品。这直接导致了供应过剩，于是价格开始崩盘——原本一个透明收纳箱的售价为 2000 日元，却逐渐跌至 1500 日元、1000 日元，乃至 800 日元。这样下去，连材料费的成本都收不回了。这与石油危机时的情况如出一辙——当年，我们的主力产品农用育苗箱便由于批发商过度囤货而被贱价抛售。

毕竟是我们公司改变了收纳文化、创造了全新需求，如果使用专利武器和法律手段，或许能够赶跑这些后来的模仿者，但我的理念是“不赚钱的生意不如不做”。前面也说过，公司濒临破产的经历，让我下定了决心——“不管处于何种时代、何种环境，都必须保证公司盈利”。于是乎，我放弃缠斗、缩减产量，除了那些依然接受我方报价的经销商外，我不再供应透明收纳箱。

可这样一来，相应的模具和生产设备就多出来了。我心生一计，打算在美国生产和销售透明收纳箱。当时，我们公司在美国只设有采购部，却并没有工厂和销售网点。

“美国人的房子大，没人会为收纳问题而烦恼。”对于我的想法，公司员工如此反对道。但据我了解，美国当时市面上销售的传统不透明收纳箱卖得并不差，由于价格低廉，其销量还是非常可观的。我心里清楚，这步棋势必有风险，但正所谓“不入虎穴，焉得虎子”，只有放手一搏了。

我的思路是这样的——“美国人普遍住得宽敞，论收纳，他们或许没有多大需求；但在寻找自己要用的东西时，肯定有过不便与懊恼的糟糕体验。”既然如此，“便于寻找”的透明收纳箱势必能够打开销路。

用蹩脚英语 传达“爱丽思理念”

说干就干，我看中了美国加州斯托克顿（Stockton）的一处旧仓库，对其进行改造，并添置了从日本运过去的生产设备。收纳箱体积较大，假如直接从日本出口，其高昂的运费会导致售价提升，因此在当地生产更为合算。

1994 年，作为爱丽思集团的首家海外工厂，它正式开工生产。起初，除了从日本派过去的 10 名年轻员工外，其他都是在当地招聘的本地人。因为派过去的日本员工几乎不会说英语，所以我原本打算让美国本地员工学日语，结果收效甚微。无奈之下，我只得亲自出马，用一口蹩脚的英语，向他们阐述爱丽思集团的生产技术和管理模式。

对于我们的产品，美国零售商起初的反应与当年的日本批发商如出一辙——“（这种箱子）比市面上的贵两成，不可能有销路。”我也采取老策略，提出了“试售”的建议。结果与日本当年一样——卖场的顾客反响良好。不到一年，透明收纳箱便呈现火爆的销售势头，即便工厂全负荷运转，却依然供不应求。

随着产品的持续热销，美国知名的西尔斯百货（Sears,Roebuck and Co.）也向我们抛出了橄榄枝。在与之建立合作关系后，产品的销量进一步增加。2 年后，我们在美国威斯康辛建起了第二家海外工厂。至于生产透明收纳箱的原材料，起初从日本调配，但随着产品的热销，美国本土的相关材料制造商看到了商机，于是开始为我们提供生产原料。

在美国建厂（斯托克顿，摄于 1995 年，最前排从左至右第五名为笔者）

而随着市场份额的不断扩大，和日本相同的情况也发生了——美国本土企业开始模仿我们的产品。连某家知名的折扣商店亦未能免俗，他们找到愿意接单的代工企业，把大量的“山寨货”摆上货架。

由于已有先例，因此我见怪不怪，从容应对——我一边缩减产量，只和依然接受我方报价的零售商继续合作；一边另辟蹊径，开拓欧洲市场。1998 年，我在荷兰设立全资子公司，并建立工厂。我的目的很明确——这次要在欧洲普及我们公司的透明收纳箱。

在中国建厂

——获得“大连市荣誉市民”称号

为中国提供数百个就业岗位

我们公司先前的产品线较为简单，装配工艺也并不复杂，不管是塑料花盆还是塑料狗屋，只要导入工业机器人，就能大大简化生产工序。但随着产品线的日益丰富，装配工序较为复杂的产品逐渐增多。瓶颈在于劳动力，公司需要数百名工人来确保生产效率。但在日本本土，实在很难招到这么多人，于是我把目光放到了中国。1996 年，爱丽思大连工厂正式建成。

生产塑料制品时，冷却是关键环节之一，因此温暖潮湿的地区并不适宜。中国大连与日本仙台纬度几乎相同，两地不但有直飞航班，而且大连市的日语人才较多。不仅如此，当时的大连万象更新、欣欣向荣，就像昭和三十年（1955 年）的日本大阪一样，整个城市充满了活力。

在中国建厂后，起初我也抱有诸多困惑——当地员工不知道如何使用卷筒卫生纸；员工食堂的米饭消耗量巨大，几乎超标 1 倍。后来我才知道，许多员工把食堂的米饭打包带回家，和家人一起吃。当时的中国人刚脱贫致富不久，我觉得情有可原，便不忍责备他们。

而在保证当地工厂的产品品质方面，可着实耗费了我不少精力。一开始，我派遣大量日本工人前去指导，以“50名日本工人带500名中国工人”的方式，手把手地教。中国工人接受能力很强，两三年后，大连工厂生产的产品质量与日本工厂已经十分接近了。

在中国大连建厂的签字仪式（摄于1996年，左边为笔者）

提拔当地员工做社长

当时，许多日企打算在中国建厂，可其中有不少企业家不了解中国，认为势必会“手续烦琐、阻碍重重”，而我则属于“说干就干”的行动派。虽然头两年较为辛苦，但之后基本上非常顺利，我也很庆幸当时的决定。

此外，许多日企负责人还抱怨“中国人跳槽太频繁”。针对该问题，我认为日企方面也有责任。在中国，许多日企都设有“隐形的天花板”——到了部长级别以上，都是清一色的日本人。对中国员工而言，不管自己多么努力，最多也就当个科长，自然会心生跳槽的念头。

爱丽思则不同，不管在中国还是欧美，我都贯彻“大力提拔当地员工”的政策。如今，我们公司在中国大连有 7 座工厂，在中国苏州有 1 座工厂，中国员工增至 4000 人，而日本员工已削减至 6 人。设在中国的全资子公司的社长（总经理）也是中国人，而且是最早加入爱丽思中国的老员工之一。

我们公司以塑料制品起家，并以“家居建材店”这种较为特殊的零售业态作为突破口，选择了“以零售终端为纲”的发展路线。鉴于此，大连工厂的产品线也变得日益复杂——用于收纳的塑料制品，导管和螺钉之类的金属制品，木制家具，猫粮、狗粮及猫狗床单之类的宠物用品，花盆和栽培用土之类的园艺用品，后来又增加了 LED 灯泡和口罩等产品。这些产品涉及的领域不同，且种类各异，但在爱丽思的工厂，它们的生产线却是相邻的。

在出厂阶段，产品便已按照各家零售商的订单要求完成了分拣，然后一并放入集装箱。这就省去了物流环节中的分拣和转运工序。为了灵活应对需求变动，我们把一线工人培养成了“多能工”——不管被分配到哪条生产线，都能胜任工作。而在工厂车间布局方面，我故意留出30%的空间，一旦某种产品热销，便能迅速增设生产线。

不同种类的产品，其所需的材料和零部件也不同。目前，爱丽思工厂的生产成本明细表多达64套。之所以如此缜密，是为了避免笼统的收支记账。假如只关心总体盈亏，就会忽视已然出现赤字的个别产品。这种成本管理方式也是我们公司独创的，它与我们公司独特的生产线相匹配。我把我们的工厂称为“体系化工厂（Department Factory）”。

2004年，大连市政府为了表彰我为当地所做出的贡献，授予了我“荣誉市民”的称号。

痛苦的失败

——进军高端 最终撤退

从“打造高端品牌”到回归初心

我们公司推出的新产品也好，尝试的全新商业模式也好，并非各个击破、全面开花，其中也不乏一些惨痛的失败经历。

前面也提到过，我乃爱狗之人，“狗民”资历长达30年。记得曾经养过的一条爱犬，它的肠胃不太好，不管吃什么狗粮都会拉稀，只能接受锅里煮过的熟食。因此，我妻子每天都要单独为它做饭。

我们公司当年进军宠物用品市场时，打出的口号是“宠物即家人”。既然塑料狗屋之类的产品改善了宠物的居住条件，下一步便可着眼于饮食了——作为家庭成员的食品，不应再用诸如“猫粮狗粮”之类的字眼。鉴于此，我开始构思一种全新的综合营养类宠物食品，它不仅要美味，而且要健康；当然，定价也要高。一般来说，宠物食品的购买者普遍对价格较为敏感，因此新产品势必将面对严峻挑战。

宠物食品的“消费者”是宠物，但购买者是人。而在购买者中，家庭主妇占多数。我希望把这种宠物食品打造成业内的高端品牌。当时，我听取了公司女员工的建议，找到《Mutsugoro 动物王国》的作家畑正宪先生。畑正宪先生十分赞同我的理念，欣然答应担任这种新产品的专家顾问。他对动物世界极为熟悉，能够理解动物观察世界的视角，属于不可多得的奇才。我不但去他府上拜访过，还有幸品尝了他亲手做的菜肴。

2001 年，这种命名为“Mutsugoro 宠物王国”的宠物食品正式开售，其卖点是“美味的口感”和“易于消化吸收”。当年 7 月，新品发布会在东京的一家大酒店内举行。承蒙畑正宪先生的高知名度，当天到场的客户和媒体记者多达 250 人。同年 8 月，几乎所有的合作零售商都答应在店头铺货。连与我们发生竞争关系的批发商都前来咨询，并表达了采购的意愿。在促销宣传方面，我们公司也一掷千金，投入了 4 亿日元。

可结果事与愿违——销售额并不理想。由于我押注品牌效应，因此定价比市面上的同类产品高出 20%。这导致了一系列问题——某些专营宠物食品的批发商不予配合，故意把我们公司的新产品从货架上转移到角落里；有的经销商害怕断货，于是干脆减弱促销宣传的力度……种种因素的叠加，导致产品最终未能大卖。

我做事雷厉风行，不仅该出手时就出手，该撒手时也能立刻撒手。短短两年后，我便下令停产。食品不像生活用品，一旦过了保质期，就只能当废物处理。这也是我从中吸取的教训之一。至此，我放弃了“砸钱促销宣传”“打造高端品牌”的战略，转而回归初心，重返“简单简约”“优势显著”“价格适中”“品质保障”的产品路线。

在畑正宪先生（左边）的指导下，我们公司开始研发高端宠物食品

公司不敢冒险 只能走向衰败

不仅是产品方面，我们公司在零售方面也经历过失败，这要从我家里的习惯说起。我们家有更换沙发套的习惯，起居室的沙发套是夏季一换，冬季一换。这样不但能让家里气象一新，而且让人感到洁净和舒适。此外，沙发套能避免沙发本身沾染污迹，尤其适合有孩子的家庭。于是我心想，如果在设计上进行改良，使沙发套更加便于更换，那么沙发套就和窗帘一样，能够反映季节更迭和用户心情，并且依然具备保持沙发整洁的原始功能。当时，我们公司在大连已经有了家具工厂，因此可谓万事俱备。

为了再次创造新市场，改变日本的沙发文化，2004 年，我们公司的直营门店“简约风格（Simple Style）”正式开张。店内主打中端家具产品，我的主旨很明确——夺回那些被家居建材店的廉价家具吸引走的中坚客户。我踌躇满志，誓要改变日本人的生活文化，于是不断增加门店数量，最多时达 23 家。

可我发明的“自由换套沙发”很快就遭到模仿。我瞄准位于高价与廉价之间的中端市场，但却不尽如人意。另一个错误是品类单一，我坚持不在店内销售单价较低的室内装饰用具，试图只靠大件家具来盈利，结果连连亏损，这块业务每年的赤字高达上亿日元。就在不久前，我关闭了几乎所有门店。由于卖出去的家具附有“10 年保证”的质保单，为了向顾客兑现承诺和维持售后服务，我保留了两家位于自家公司大楼内的门店。

失败的教训是惨痛的，但经营企业就像打棒球，如果你不敢站在击球位置，就永远没有机会打出全垒打。从长远来看，倘若公司不敢冒险，那最终只能走向衰败。因此我会愈挫愈勇，今后也要不断发起挑战。

首次并购
——重振家具企业

出生率降低 导致市场两极分化

15 年前，我开始接触企业并购，当时有不少企业陷入经营不善的泥潭，亟待并购和救助。

2001 年，以生产学生家用书桌而闻名的老牌企业 CHITOSE 家具公司申请《民事再生法》的保护（《民事再生法》，日本政府出台的企业重建法，以经营不善的企业为对象。——译者注）。我是通过纸媒得知该消息的——当时我坐在车上，正在翻阅《日本经济新闻》，一看到这则报道，我便立刻拿起电话，指示下属筹备并购事宜。并购最终完成，CHITOSE 的业务归爱丽思所有，并冠以“爱丽思 CHITOSE”的新公司名，成为爱丽思集团的一员。这也是我们公司的首次并购（Mergers and Acquisitions，M&A）。

园艺用品的销售旺季从每年 4 月开始；而学生书桌的销售旺季则从每年冬天开始，直至次年 3 月；如此完美的衔接，绝对受家居建材店的欢迎。在并购 CHITOSE 的 4 年前，我们公司就已经在中国大连新建了家具厂，因此生产制造不是问题。

“爱丽思 CHITOSE”已然成长为日本课桌椅品牌中的龙头老大

但现实是残酷的，随着出生率的降低，日本的学生书桌市场逐渐萎缩，且呈现两极分化的趋势。第一种是父母给孩子买，由于购买者对价格非常敏感，因此廉价产品销路很好，但利润微薄；第二种是爷爷奶奶或外公外婆给孩子买，出于“隔代宠”的感情因素，购买者偏向于高端产品，但这类顾客极为挑剔——书桌一旦在运送途中稍有擦碰，他们便会火冒三丈、不停投诉。后者的生意虽然利润较高，但费心费力，到头来还是差评，实在让人不堪重负。干了3年后，我决定放弃这块业务。

CHITOSE 还有一种拳头产品——学校教室里随处可见的轻量课桌椅，这种桌椅由钢管和胶合板制成。许多自治团体也以竞标的方式大量采购这种桌椅，因此市场需求还是较为可观的。再加上其评判标准无非是“价格”和“品质”，与企业级产品无异，而这正是我们公司的传统强项。于是，我将相关生产线移至大连工厂，并在各方面下功夫，终于把“爱丽思 CHITOSE 课桌椅”打造成了业内市场份额最高的品牌。

不仅如此，我还采取逆向思维——既然日本的出生率不断降低、人口日渐老龄化，那么为何不聚焦于老人呢？于是我们又进军“养老家具”市场，研发了诸多产品，比如“便于坐轮椅的人使用的桌子”“便于护理人员照顾老人的椅子”等，市场反响非常好。

在不裁员的情况下扭亏为盈

说到企业的重建与复兴，许多企业家都会想到一大“常规手段”——人员调整，且认为这是不可避免的。但要知道，只要一裁员，剩下的员工就会人人自危、人心涣散。而我则不同，在并购经营不善的企业后，我首先选择全盘负担对方的既有债务；然后重新审视其产品线，砍掉那些纯粹为了周转资金而保留的微利产品；并改变经营方针，以“创造高附加值”为优先；与此同时，我还会想办法削减事务性开支，譬如与财务相关的催收款等，把这些一并交给爱丽思集团总部处理，从而避免相关经费的无谓浪费。

假如上述几点做到位，那么被并购的公司基本上能够“止血”，也有了扭亏为盈的可能性。在人事方面，我从不委派管理人员“空降”至被并购的公司，而是贯彻“自主、公开、透明”的原则，在公司内部公示经营状况的简报资料，使普通员工都能对公司现状一目了然。我的目的很简单，无非想让被并购公司的员工拥有正确的认识——只要自己工作努力，公司就能够再创辉煌，自己也就不会失业，也不用重新找工作。这样一来，员工们就会与我同心同德，为了“创造高附加值”而切实努力。

有了并购CHITOSE的成功经验，接下来便驾轻就熟了。2005年和2007年，我先后收购了当时新日本制铁株式会社（新日本制铁株式会社是日本的大型钢铁企业之一，2012年，其与住友金属工业株式会社合并，更名为“新日铁住金”。——译者注）旗下釜石制铁所的两大产品业务。一个是一次性怀炉，另一个是除氧剂。我不仅收购了业务，还接纳了所有相关员工。通过这次收购，爱丽思集团的医药产品线得到了扩充。

Houtoku制椅公司曾经也是业内翘楚，其生产的宴会座椅做工精致、质感高档，曾经是各大宾馆和酒店的首选，拥有较高的市场份额。可随着时间的推移，其逐渐陷入业绩不振的泥潭。2010年，公司老总找到我，经双方商讨，决定采取公开要约收购（Takeover Bid，TOB）的方式。于是Houtoku制椅公司先从股市摘牌，然后成为爱丽思集团的一员。

随着公司业务和规模的扩大，我也升级了IT管理系统，将大型计算机的数量增至2台。可由于经营形式的不断变化及业务内容的日益复杂，大型计算机每年的系统升级变得愈发费时费钱。为了能够迅速改造用户端的系统体验，从1994年起，我开始着手普及电脑化办公，1996年正式实施。并购或收购过来的集团内企业亦不例外，我淘汰了他们的大型计算机，用办公电脑整合系统，最终实现了整个集团的低成本运营。

综上所述，通过一系列增强集团整体实力的经营举措，不到两三年，那些被并购或收购的企业便开始扭亏为盈，有的甚至创造了高达2位数的利润百分率。我亲眼见证了这些企业的“浴火重生”。在我看来，这是企业经营中的一个全新主题。

增长缓慢的市场
——免费为卖场配置促销员

用“提案”来应对通货紧缩

从园艺用品、宠物用品到收纳用品，自20世纪80年代起，我们公司一直在充当家居建材店的“军师”，不断为其推出契合顾客日常需求的新品。这种“你中有我，我中有你”的关系，使得爱丽思与一众家居建材店共同发展。而到了90年代末，随着日本人口红利的逐渐消失，老龄化开始加剧，消费出现颓势，市场增速也不断放缓。

当时，不少家居建材店苦于销售额的不断下滑，于是为了弥补损失而开设新店，结果却造成老店既有的销售份额被自家新店蚕食，完全陷入了一个恶性循环。为此，以削减眼前的成本支出为目的，家居建材店纷纷精简店员。

这给我们公司带来了十分不利的影响——明明按时交了货，家居建材店却无法及时布置货架和安排陈列，导致整个卖场杂乱无章，就连店内装饰和货品摆放都变得粗糙随意。我当时叹息道：“这已经不是‘卖场’，而是‘仓库’了。”

除此之外，家居建材店还用大量小时工代替正式工，这导致店员队伍的专业水平急剧下降。相关知识不充分，便无法推荐真正能够解决顾客烦恼、满足顾客需求的产品。假设有一位对园艺产生了兴趣的顾客，来到家居建材店，结果发现光是栽培用土就有数十种，自然会心生困惑。这时，如果没有熟悉栽培用土的店员充当咨询师，该顾客很可能就会随便买一包最便宜的土，拿到家里，播种浇水，却发现迟迟不开花，于是认为“园艺果然不好弄”，从而在初始阶段便放弃了难得的爱好。由此可见，家居建材店的做法会导致潜在客源的流失，如此反复，实为恶性循环。

唯有员工能够创造企业价值

产品的优点，需要店员来宣传。倘若仅仅放在货架上，顾客怎么能知道它们的好？鉴于此，我在 2002 年创立了名为“专业助销员”（Sales Aid Staff，SAS）的新体制，旨在向与我们公司建立合作关系的零售商提供协助，包括布置卖场及接待顾客等。专业助销员被直接派到卖场，在第一线发挥作用。

专业助销员的工资由我们公司自己出。即便如此，不少零售商依然抱有抵触情绪，他们驳斥道：“（你们）既然有闲钱派什么专业助销员，那还不如给我们的进价再优惠点。”对此，我坚持道：“只有让顾客出钱购买之前从未接触过的全新产品，才能跳出‘红海’，避免争夺有限的‘蛋糕’。换言之，创造需求是关键。”不仅是零售商，我们公司内部也有人不看好专业助销员，认为这种体制会导致人事管理很难操作。对此，我的意见是

“疑人不用，用人不疑”，即采取信任员工的管理方式。

表彰业绩突出的专业助销员（SAS）

结果，凡是接受“专业助销员”的零售商，其门店销售额明显上升。起初，一家卖场只配备一名专业助销员。由于独自在工作岗位上，又没有人可以商量，因此有的没干多久就辞职了。为此，我命令公司相关负责人前去了解现场情况、给予现场指导，建立了与专业助销员保持联系的体制。此外，公司还为他们定期举办充实专业知识的产品培训会。而对于专业助销员中的“销售标兵”，公司也会予以表彰。

曾经有一段时间，日本的“公平贸易委员会”要求我废除这种“SAS”体制。究其原因，是其误以为我们公司的派遣行为是“被逼迫的”。当时，有一些零售商会强制要求厂商提供导购员或促销员。这种情况在家电卖场中较为常见。我们的体制前所未有，招致误会也实属正常。我对“公平贸易委员会”的相关负责人解释道：“零售商并没有强迫我们做什么，派遣专业助销员完全是我们公司自愿的行为。”这么一说，对方终于表示了理解。随着该体制的不断完善和奏效，越来越多的人希望成为爱丽思集团的专业助销员，“想自由发挥自己的才干”“平时要照料家人，想每周工作三天”……应聘者的期望和情况各式各样，而我则尽量满足他们。如今，公司已经拥有 850 多名专业助销员。

在我看来，零售业今后的热点在于近邻、便利与本地化。各大零售商时常会调动旗下连锁店的店长，而专业助销员多为本地人，且不太会出现人员流动。有时，与一店之长相比，我们的专业助销员对本地情况更为熟悉。试想一下，如果店员能认出曾经光顾过的客人，那客人自然也会感到愉悦。不仅如此，专业助销员几乎每天都会向我们总部提交报告，每年汇总的《日报文件》多达 8 万份。这种来自销售第一线的意见反馈极为重要，其能够弥补数据分析无法涵盖的盲点，包括顾客的潜在需求、市售产品的相关课题等，对于产品研发大有裨益。我始终认为“唯有员工能够创造企业价值”，而上述实例再一次证明了我的信念。

打破零售商的壁垒
——默默起步的电子商务

95% 的工作人员是女性

当年，为了制造能够创造需求的全新产品，我打破了批发商的壁垒，使公司转型为“制造供应商”，与零售商之间直接建立起合作关系，从而打开了产品的销路，可我们与终端消费者之间还隔着一层零售商的壁垒。

零售商麾下的一线员工（譬如店长）的确是为顾客着想的，他们希望把顾客真正想要的产品摆进卖场。但总部的采购员则不同，尤其在通货紧缩的大环境下，假如各门店的销售额连年下降，他们就会把注意力放在竞争对手上，比如研究对手的促销宣传单、寻求产品和价格的差异化等。这样一来，零售商就会用其他公司的产品代替我们的产品，或者一味地用廉价产品代替我们的产品。

我们公司由此陷入了被动局面——只要推出新产品，就会遭到模仿；廉价的“山寨货”一旦上市，我们的产品就会被零售商下架。这完全是典型的“劣币驱逐良币”现象。而用惯我们产品的顾客却苦于买不到而犯愁。“哪里能买到（你们的东西）？”类似的咨询电话不断增多。此外，我们公司的产品种类也确实过于庞杂——到了 2000 年，产品总量已接近 10000 种。而家居建材店的陈列极限是 3000 种。经常有顾客说：“希望能在一个地方挑选爱丽思旗下的所有产品。”但限于现实条件，我姑且只能先实现“电话购物”的功能，即顾客通过电话下单，然后由我们公司直接发货。

到了 2001 年，我们公司官网推出了网购服务，这才从真正意义上解决了顾客的需求。当年，为了实现财务管理电脑化，我培养了许多 IT 技术人员。而在搭建网购系统平台时，这样的人才储备发挥了关键作用。

网购部门的员工以女性为主（仙台市）

为了顾及合作伙伴的感受，我们的电子商务事业可谓“默默起步”。网购部门先是设在仙台市内直营店的一角，起初只有5名员工，上线的产品也不多，主要是塑料收纳箱和折叠床等不易携带的大件。即便遭到零售商质问，我也有十分合理的解释——“网上商城的产品与各大卖场的并不重合，而且都是一些大件货。之所以开网店，主要是为了方便顾客。”以这样的理由为“借口”，我们不断增加上线的产品种类。

顾客坐在家中的电脑前，我们的工作人员则通过电话，一步步地指导操作方法。随着业务的扩大，我将网购部门独立出来，成立了名为“爱丽思网上商城（IRIS Plaza）”的电子商务子公司。如今，该公司的员工数已经增至280人，每年的销售额增幅都保持在30%的高位。

在我看来，与男性相比，女性更适合网购服务的工作，因为后者更加认真仔细，情感方面也更为细腻。鉴于此，同时也为了让公司内优秀的女性员工充分发挥自身能力，我决定把女性作为网上商城的运营主力。如今，该子公司的女性员工比例高达95%。她们站在顾客的角度设计页面、运营社区。2012年，爱丽思集团买下了位于仙台车站附近中心大道的一处9层大楼，作为爱丽思网上商城的新据点。

实时信息 带来飞跃的机遇

“二战”后，日本以美国的“供应链革命”为榜样，发展自身的销售流通业。于是品类丰富、价格低廉、购物方便的商店不断增加，为广大消费者提供了便利的购物环境。此外，随着“一站式购物”的理念不断深入人心，以购物中心为代表的大型零售业态持续发展，但相应的问题也随之而来——门店规模越大、陈列品类越多，购物反而越加不便。不管是找精品还是淘便宜货，自带搜索功能的网购明显更具优势。

而随着智能手机的普及，人们摆脱了个人电脑的桎梏，可以随时随地进行网购。手机一键下单，一两天后货品送达。这完全改变了消费者的购物习惯，使得线上与线下购物成为有机结合的两种途径。这场互联网革命来势汹汹，对日本、欧美乃至中国都产生了巨大影响。通过互联网，制造商能够基于顾客需求研发产品，并绕过传统销售流通业的壁垒，直接把产品呈现给终端顾客，供其挑选和购买。此外，先前由各级经销商所独占的市场销售信息也不再神秘。通过互联网，制造商能够实时获取这些相关信息。对我们这种“创造需求”的企业而言，这可谓飞跃的机遇。机不可失，我立刻着手扩张海外的生产基地。

收购 DAISIN
——挑战零售商的禁区

立足当地 打造新的商业模式

爱丽思的主业毕竟是生产制造，因此在很长一段时间内，我都故意不开零售店，为的是不与客户形成直接竞争的关系。但在 2008 年，我毅然挑战了这一禁区。当时，爱丽思总部所在的宫城县发生了一件大事——当地知名的家居建材店“DAISIN”陷入经营危机。为了拯救 DAISIN，我最终将其收购。

我这人平时雷厉风行，但在收购 DAISIN 一事上，的确也冥思苦想了许久。我们公司原本就有较强的产品力，假如又直接经营家居建材店，势必会造成整个行业的“地震”。考虑到其他家居建材店的反应，当时公司内部也有不少反对收购的声音。

DAISIN 创立于 1975 年，在宫城县拥有 15 家门店，是年平均销售额高达 80 亿日元的骨干型企业。但随着关东地区的竞争对手们在宫城县的不断扩张，其在价格竞争中渐渐处于劣势。不仅如此，竞争对手们租地开店，经营成本较低；而 DAISIN 则在经济泡沫破灭之前高价购地置业，这些过剩投资变成了沉重的负担。再加上“雷曼事件”所引发的金融海啸，其经营状况愈发严峻。最终，DAISIN 的企业负责人找到我，希望爱丽思集团能提供帮助。

我之所以打破“不与客户直接竞争”的固有原则，原因有二：第一，如果 DAISIN 倒闭，将对宫城县当地的经济造成巨大冲击；第二，如果我能探索出适合地方性家居建材店的商业模式，也能为与之类似的骨干型企业树立一个值得参考的典型。

经过一番思考，我提出了“便利型家居建材店”的概念，在 2009 年废除了发放促销宣传单的传统做法，以拥有会员卡的回头客为中心。在品类陈列方面，除了既有的“DIY”产品外，我又丰富了园艺用品、宠物用品和日用品的种类。在卖场布置方面，我故意降低货架高度、拓宽通道面积，通过调整装潢和布局，营造敞亮、便利的购物环境，从而吸引原本不太逛家居建材店的女性顾客。这种“立足当地、扎根当地”的经营路线大获成功。在东日本大地震中，顾客与我们之间建立的信赖关系得到集中体现——对于没带现金的顾客，店员只要求他们在笔记本上写上名字，算是赊账的证明；为了解决灾民的燃眉之急，我们还向他们免费分发灯油。

立足中国 新建工厂

由于努力经营，DAISIN 渐渐成了地方性零售业界的标兵。而对那些与我们公司存在合作关系的家居建材店而言，DAISIN 的案例极具借鉴价值。此外，我们还以“试点”的形式，为他们提供相关信息，包括“首都城市圈消费者的需求和喜好”“如何重新审视卖场布置和品类陈列”等。于是乎，在积累了足够的经验后，2014 年，爱丽思集团收购了三井不动产旗下的“Uniliving”家居建材店，该店扎根于首都城市圈。而我则依然贯彻之前的方针——在不裁员的前提下完成任务、实现盈利。

2003 年，我们公司在中国的首家直营店“爱丽思生活（IRIS Life）大连店”正式开业。我原本只把中国视为生产基地，但越来越多的大连市民希望买到“与日本相同的市售产品”。面对消费者的呼声，我半信半疑地开了第一家店，结果盛况空前。7 年后（即 2010 年），中国的爱丽思直营店已增至 100 家。于是乎，

我们在中国开设的直营店——“爱丽思生活（IRIS Life）”

我又在苏州新建工厂，其产品专供中国市场。

但世事难料，那一年，在钓鱼岛发生了日方巡逻船与中方渔船冲撞的事件，导致中国的对日情绪大幅转变。在“爱丽思生活”直营店里，所有商品的外包装都有日文，可许多消费者不愿被熟人看到“自己在购买日货”。随着这股“抵制日货”风潮的逐渐扩散，前来光顾的客人越来越少。

话虽如此，但我们的产品并没有失去中国消费者的眷顾。爱丽思中国网上商城的销售额逐年递增，且年均增长率高达200%。作为发展中国家，中国的现代化起步较晚，但却在互联网时代“弯道超车”，成为网络普及率较高的国家。在全盛时期，“爱丽思生活”直营店的数量曾一度多达165家，如今却不足30家。多亏了从“门店”到“网店”的战略转移，网上商城蒸蒸日上的销售额完全弥补了门店数量锐减的损失。我下一步计划在广州地区建厂。

产品研发

——在数分钟的演示后 立即做出判断

死守 10% 的经营利润率

在爱丽思，凡是销售时间不超过 3 年的产品，都被归为“新产品”。早在 1998 年，我便定下了“主打新产品”的方针，规定“新产品的销售额必须占总销售额的一半以上”。直至今日，从未动摇。竞争对手一旦推出同类产品，利润率的下滑便不可避免，对此，我不会去拼命确保既有的市场份额，而是选择另辟蹊径，着手研发新产品。通过这样的方式，我死守着 10% 的经营利润率。

本着提升经营效率的思想，打造长年热销的“明星产品”亦不失为一种策略。但我在前面也说过，只要经营企业，就不可能一帆风顺。每隔 10 年，往往就会面临 1 次危机。如果此时企业家以“预料之外”而一言蔽之，我觉得是不称职的。市场犹如淘沙的大浪，倘若只依靠一些所谓的“销量常青树”，不管是强劲对手的出现，还是市场环境的剧变，都会导致企业急速走向下坡路。因此我认为，唯有时刻应对各种变化，才能让企业立于不败之地。

爱丽思集团之所以能够每年推出1000多种新产品，其秘诀在于“演示会议”，也叫“新品研发会议”。该例会每周一举行，往往从早晨开到傍晚。公司员工各抒己见，并当场进行陈述和演示。内容以新品企划为主，包括销售渠道、批发价格、促销活动等。一天内发表的企划往往多达60个。

该例会始于35年前。最初是我的“一言堂”——我把自己想到的新品创意讲给公司的干部们听。而随着业务范围的不断拓展，会议主题渐渐变成了“员工提案我倾听”。20多年前，在开建角田工厂时，我特意留出了一间大会议室，专门用于召开“演示会议”。

“演示会议”现场 员工正在向经营层讲解新品企划（前列最左边为笔者）

该会议室类似于阶梯教室，演示者站在最前面，讲台上可以摆放相关的试制品；而听众则坐在有高低落差的环形座位上。我坐在最前排的中间位置，旁边是营业部、研发应用部、财务部、海外事业部、品质管理部及法务部等部门的负责人。对于演示者提出的问题，他们能够当场予以答复。而整个会议都会以视频直播的形式，实时传送到我们位于大连的工厂和大阪的研究所，让其相关负责人参与互动。假如企划合格，我就会当场盖章批准，并要求所有部门彻底落实。

说是演示，但其并非那种“不断播放幻灯片”的“PPT式演示”。每位演示者只有5—10分钟的时间，允许呈现的幻灯片最多一张。面对演示者，我经常会训斥道：“说重点！”此外，我还要求演示者用完善的数据说话，因此他们必须掌握截至上周日的销售数据。没等他们讲完，我和一众评审员就会做出“合格”或“不合格”的判断。经过如此锻炼，我们的员工自然具备较高的演示水平。

真正的创意 源于亲身实践

我之所以每次都出席该会议，主要是为了发挥两大作用。其一是“风险担保人”。制造“创造需求的全新产品”是我们公司的特长，因此演示的新品往往史无前例，也没有市售的类似产品可供参考。换作其他公司，在一次次的会议讨论后，领导很可能会予以否决。而我作为社长，一旦盖章批准，就等于答应承担可能发生的一切风险。假如产品失败，提出企划的员工是不会受到任何处罚的。

我决心“树立公司在好员工心目中的良好形象”，该想法后来成为爱丽思欧雅玛的第三条企业理念。倘若上司把员工的提案扼杀在摇篮之中，便是对其积极性的伤害，这绝对不是一家好公司该有的处事风格。

我所发挥的第二个作用是“消费者代言人”。对于否决或下令再议的企划，我都会给出明确的理由。有的企划缺乏“生活场景”，有的创意只是“随波逐流”，有的研发人员偏向于“自我满足”……一旦发现这些问题，我就会质问对方：“换作是你老婆，她真的会买这个东西吗？”爱丽思以“解决消费者的日常烦恼”为己任，因此生产制造并非目的，而只是手段。凡是明白这个道理的员工，其所提出的企划往往就能切中要点。

不少企划虽然存在问题，但在倾听的过程中，我便已然想到了改良方案。但我故意不说，而只是指出缺点，然后命令演示者重新思考，以待下次再议。之所以这么做，是为了让对方获得成长。在我看来，“演示会议”不仅是新产品诞生的舞台，也是培养人才的道场。

一般认为，研发产品需要大量的信息，因此更适合在大城市进行。但诸如拾掇庭院、饲养宠物等活动，反而更适宜在较为休闲僻静的地方性城市进行。真正的创意源于亲身实践，这也是地方性企业的优势。看似不起眼的地区性经济，却是真正的机遇所在。于是乎，扎根于地区经济的第四乐章奏响了。

第五章　地区贡献 日本的解决之道

搞活当地经济

——为东北企业牵线搭桥

赞助当地的棒球队、足球队和乐团

“我决定和活力门（livedoor）公司合作，明天就签约。”2004年的一个早晨，时任宫城县知事的浅野史郎先生在电话里如此告知我。而我们公司此前已经宣布，将与乐天公司一起，为仙台市打造一支新的职业棒球队。

1993年，由于承建商行贿腐败事件的败露，宫城县前任知事本间俊太郎被逮捕。依靠清廉形象而当选继任的浅野史郎先生一直与本地的商界人士保持距离。但既然身为知事，就必须对当地的经济形势有所了解。鉴于此，由当地企业家和经济学家构成的“四人智囊团”建立了名为“梦名塾”的组织，旨在为浅野先生提供信息。

由于这层关系，才有了刚才提到的那个电话。浅野先生解释道，活力门公司最早提出（赞助棒球队），按照“先到先得”的原则，所以决定与其签约。浅野先生如此重情义、讲道理，本来无可厚非，但听到他的决定后，我在心中暗暗摇头。我从《日经商业》杂志上看过活力门公司的相关报道，知道那家公司存在诸多问题。于是我劝诫道："既然要寻求能够扎根于当地的赞助伙伴，我建议您还是找一些较为稳健的实干型企业为好。"他最终采纳了我的意见，与乐天公司签了约。

一年多以后，发生了"活力门事件"（"活力门事件"是2006年年初发生的金融丑闻。2006年1月16日，东京地方检察厅特搜部与日本证券交易监视委员会共同行动，强行搜查活力门公司总部及其董事长堀江贵文的住所。次日，受到这一消息的影响，日本股市大幅下挫。同年1月23日，堀江贵文被正式逮捕。——译者注），东京地方检察厅特搜部强制搜查了活力门公司的总部。如果浅野先生当年没给我打那个电话，不管是日本职业棒球界还是整个仙台市，恐怕都会陷入混乱之中。基于这层因缘，作为赞助商，我们公司一直在支持仙台的职业棒球队——"乐天金鹰"。

2000年，我们公司受邀赞助仙台本地的足球队——"仙台七夕"。足球进球不像棒球得分那么频繁，面对迟迟不进球的情况，我起初觉得心烦气躁，后来渐渐体会到了足球的魅力。如今，只要有在仙台举行的球赛，70%的情况下，我都会前往观战，可谓铁杆球迷。与之相对，高尔夫就打得少了。2011年，球场在大地震中遭到破坏，仙台七夕的球员们失去了练习场地。在如此艰苦的条件下，他们依然在职业联赛中取得了较好的成绩。到了2012年，更是收获了联赛亚军的殊荣。为了给受灾的仙台市民打气，大家在球场上团结一心、敢打敢拼。

除体育运动外，爱丽思还在其他方面为地区发展做出了贡献。从 1992 年起，我们一直为仙台爱乐管弦乐团提供资金援助，接下来计划为该乐团筹建一座气派的音乐厅。而在医疗领域，我们公司则出资建起了“仙台显像检查诊所”。该诊所提供“PET 癌症诊断服务”（PET，即正电子发射断层扫描显像诊断技术〈Positron Emission Tomography〉。——译者注），且费用比一般医疗机构要低廉得多，让普通市民也能负担得起。我的父亲被癌症夺去了生命，因此我希望能为抗癌事业出一份力。

搞活当地经济 达成反哺目的

2002 年，我应邀担任“东北新商业协会”的会长，并积极开展相关活动。这可能是我对促进日本地区经济所做的最大贡献。在担任会长期间，我致力于扶持东北地区的大小企业，旨在让更多的公司拓展业务、走出东北、迈向全国，进而走向世界。在我看来，一旦搞活当地经济，类似爱丽思集团的大企业就会不断涌现，那么不管是体育运动还是音乐艺术，都会获得更多的企业赞助。

1990 年，当时的通商产业省（日本政府机构，大致相当于中国的外经贸部。——译者注）主办了“第一届新商业协会颁奖典礼”，爱丽思荣获最优秀奖。获奖理由是“创造了‘制造供应商’这种全新的商业模式”。自己辛苦摸索得来的成果能够获得这样的认同，对我实乃莫大的鼓励。

对于各种公司外的职务和头衔，我原先都是坚决不予接受的，而之所以会破例担任“东北新商业协会”的会长，也是出于

获得蓝绶荣誉勋章的纪念照片，与妻子照枝合影留念

反哺和报恩的初衷。如今，该协会主办的“东北交易会（Business Match）”已然成为东北地区最大的交易会，参加的企业超过400家。从10年前起，该交易会一直定期举办，获得了巨大好评。起初，为了招募企业参加，我可谓费尽苦心。幸好有东北信用银行协会的各位同人鼎力相助，为我介绍那些获得他们贷款的企业。

之前，新商业协会的活动重心是宫城县，后来则在东北地区的其他各县都设立了分部，扩大了影响。2009年，协会活动受到政府的肯定和赞扬。作为会长，我在当年获得了政府颁发的蓝绶荣誉勋章。

解决日本的现实课题

——瞄准家电市场

为节约能源做出重大贡献

2004 年，我们公司研发了 LED 的庭院彩灯，替代了原本寿命较短且耗电较大的白炽小灯泡。2009 年，时任首相鸠山由纪夫先生宣布了节能减排的长期目标——在 20 年内，把日本的二氧化碳排放量缩减至 1990 年的四分之三。当时，直觉告诉我，由于具备节能的优势，LED 照明的时代已然来临。于是我命令公司生产一种 LED 灯，其光效相当于 60 瓦的白炽灯泡。

可当时的制造成本高昂，导致一个 LED 灯的零售价为 6000 日元左右，根本无法普及。引发销售爆点的价格是多少？如何能在一年后回本？……在反复思考这些问题后，我得出了“2000 日元”的售价基线，于是下令研发“售价 2000 日元”的 LED 照明产品。其他制造商通过成本累计的“加法”来定价，而我则反其道而行之——先设定一个价格，然后用“减法”来倒推成本。既然要削减成本，就必须增加相关部件的自产率。幸运的是，我们在大连的体系化工厂一直在进行异种产品的同车间混流生产。

于是我下令从 LED 的设计阶段入手，利用既有资源，提高自产率，终于成功削减成本，达成了“售价 2000 日元”的目标。产品刚刚发售，订单量便超过了预期。

2011 年，随着东日本大地震的发生，“节能”成了整个日本的课题。零售业面临的矛盾尤其明显——店内照明“太亮了浪费电力，太暗了影响生意”，因此急需一种二者兼顾的解决方案。传统的照明设备厂商出于安全考虑，在 LED 领域研发了全新的规格，研发了日光灯形状的 LED 灯管，但却无法安装在普通的日光灯罩上。而我们公司通过改良设计，研发了能够在既有灯罩上安全使用的 LED 灯。

接下来，我们又着手研发家用 LED 吊灯。该产品荣获经济产业省（日本政府机构，大致相当于中国的商务部。——译者注）颁发的“节能大奖”，为日本的节能事业做出了重大贡献。由此，我将公司的目标从“解决消费者的生活课题”升华为“解决日本的现实课题”，并称之为“日本的解决之道”。

很早之前，我们公司就开始为家居建材店生产诸如碎纸机、覆膜机及空气净化器等办公设备；再加上在 LED 领域的耕耘，又逐渐掌握了电控及半导体的相关技术。至此，我们等于拥有了研发家电产品的相关技术。

研发能让人感叹“原来如此”的产品

2009 年，三洋电机成了松下的子公司。后来，松下把三洋的白色家电业务出售给了海尔，而三洋则专注于生活小家电领域。基于“顾客需求”的理念，我也瞄准了小家电市场，于是决定积极研发相关产品。为此，我以“每年 10 人左右”的频率，大力引进经验丰富的行业人才。

在家电行业整体不景气的环境下，关西地区有不少相关的求职者。但对于去宫城县工作，不少人都抱有抵触情绪。为了不让这些优秀的行业人才流失到海外，我在大阪市中心的心斋桥买下了一栋楼，作为研发中心，并招聘了 30 多名技术工程师。

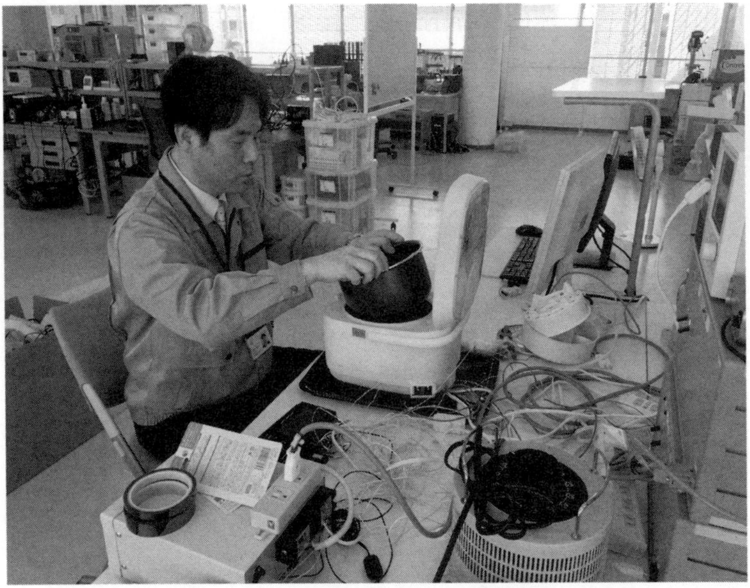

位于大阪市中心的爱丽思家电产品研发中心

这些入职者惊讶于我们公司的效率——大牌家电企业要耗费两年的项目，我们在半年或一年内便能完成。而我的解释让他们茅塞顿开——“那些大牌家电企业在变得臃肿之前，也是如此高效的。”此外，大牌家电企业往往割裂研发和制造等环节，我们公司则要求项目发起人着眼全局（从生产到物流），并把“易于生产”和“易于使用”作为优先级，站在消费者的角度，研发能让人感叹“原来如此”的产品。

之前，日本市售的家电产品都是为“四口之家”设计的，但如今独居者和两口之家占了60%，这是一块非常可观的市场。鉴于此，我们公司推出了一体式电磁炉、超轻手持无绳吸尘器和促进室内空气对流的静音空气循环器等产品。它们小巧、轻便、好用，尤其受到老年消费者的欢迎，因此销售火爆。爱丽思的小家电战略让原本被裁员的技术工程师找回了工匠的喜悦；而对于我这个土生土长的大阪人而言，能为家乡的经济发展出力，也是甚为欣喜之事。

建立大型碾米厂
——凭借“小包装”杀入市场

挑战“又大又便宜”的固有观念

2013年1月，作为“东北新商业协会”的会长，我把第19届“东北新商业大奖”颁给了仙台市的农产品法人企业——“舞台农场”。这家公司有十多年的历史，其法定代表人是当地有名的大家族，世代从事农业，如今已经是第15代了。可在东日本大地震中，由于海啸的侵袭，公司三分之二的农田都被淹没，一下子濒临破产。

面对“六次产业化”（“六次产业”即鼓励农户从事多种经营，延长产业链条的政策。不仅种植农作物〈第一产业〉，而且从事农产品加工〈第二产业〉，并参与流通、销售农产品及其加工产品〈第三产业〉，从而获得更多的附加价值。“1+2+3”等于6，“1×2×3”也等于6，此为“六次产业”这一说法的由来。——译者注）的趋势，像“舞台农场”这样的传统农企显然存在发展瓶颈。为了助力灾后重建、振兴东北农业，我以“‘农商工’相互提携、共同出资”的方式，基于“简单、美味、便利”的新概念，成立了“舞台农业创意（Butai Agri Innovation）株式会社”，并着手筹建相配套的碾米厂。

50年前，日本人均每年的大米消费量为110千克，如今却几乎跌至一半。这源于主食的逐渐丰富，相关企业不断推出方便且美味的糕点和面食，凭借出色的市场营销，改变了日本人的饮食习惯。反观大米，依然以“5千克一包”“10千克一包”的形式，摆在店头售卖。在我看来，这种粗放型的做法已然落后——与其说在把大米当食品卖，不如说在把大米当工业原料卖。

而不管是日本政府还是农业合作社，在支援农民和农企时，往往都执着于“基于生产能力”的理念。对于大米这种主食，他们看重的是“如何降低售价”，从而使该行业陷入“每千克便宜多少钱”的价格战。而在消费者眼中，大米是不需要经常购买的“储存类食品”——买一包，起码可以吃一个月。在如此僵化的闭环中，自然无法催生新的消费行为。

而对于生产方而言，碾米和保存都是课题。随着时间的推移，大米不但会氧化，还容易受到气温和湿度的影响，从而流失原有的营养成分。即便是未加工的糙米，在常温下依然会逐渐变质。秋天的新米香甜可口，可到了第二年春夏，味道就变差了。

犹如新米 长享美味

为了解决上述问题，“舞台农业创意株式会社”的新工厂和仓库内常年保持15℃的气温和60%的湿度，可谓全日本规模最大的低温工厂。仓库里保存的都是糙米，按需取量，然后再碾制成精米。至于包装，基于爱丽思生产宠物食品所积累的技术，将成品制成3合（容积单位，1合≈0.18升，3合约450克。——译者注）大小的小包装，并放入脱氧保鲜剂。从投入糙米、碾制精米到包装封口，所有工序都实现了自动化。

消费者把米买回家后，在煮饭之前才会开封。这样一来，无论春夏秋冬，都能长享新米的美味。对于日益增加的单身一族来说，这样的小包装尤其贴心。此外，零售商应该也会欢迎这种新产品。先前的米袋又大又重，侵占了其他商品的货架空间，因此诸如超市等卖场都不太愿意进货。

万事俱备，消费者的固有观念则是最后一道壁垒。即便是价格昂贵的高级米，一旦氧化，哪怕用高级电饭煲煮，也无法挽回流失的美味；反之，如果是我们的“低温保鲜米”，哪怕用普通电饭煲煮，其口感也绝对好于前者。对于自家大米的竞争力，我信心十足。

新工厂选址在宫城县的亘理町。当地有一块超过5万平方米的空地，原本被中国台湾某家企业买下，计划用于建厂，可对方却在雷曼事件引发的金融海啸中倒闭，于是那里成了我们的厂房用地。此外，东日本大地震发生时，其所引发的海啸也波及了亘理町，且受灾情况较为严重。在建厂时，当地依然有不少人还住在临时搭建的住宅中。为了振兴当地经济，我主张雇用当地人。如今，新工厂的67名员工中，大部分都是当地居民。

首先，我在爱丽思的角田工厂设立试验车间，验证“低温生产”的可行性。之后，在2014年，位于亘理町的新工厂正式开工生产。由于灾后重建的条件限制，人员和材料严重不足，新工厂的完工时间比计划晚了两个月，建设费用也从原定的 50 亿日元攀升至 80 亿日元。

虽然对现实情况有所误判，但这家规模巨大的现代化工厂总算建成。在 24 小时满负荷生产的情况下，其每年能够碾制 10 万吨米。此外，我还积极拓展零售渠道，不但让超市上架，还说服家居建材店售卖我们的“低温保鲜米”，这也是史无前例的。

亘理精米工厂的竣工庆典（左边为笔者）

“大米是用大袋子装的廉价食品。”多年以来，消费者已经形成了这样的固有观念。而要推广我们的新产品，就必须打破这道坚固的壁垒。即便在常温下，低温生产的“保鲜米”也能保持整整一年的新鲜度，因此非常适合出口，而跨太平洋伙伴关系协定（TPP）更是一辆顺风车，让好吃的日本大米走向世界。如今，我们的“低温保鲜米”已经出口马来西亚和美国等地，今后的市场前途更是不可估量。为了振兴东北地区的经济，我会持续充当“挑战者”。

家族经营

——兄弟同心 恪守创业理念

兄弟共同经营

我有 4 个弟弟。除了二弟幼年夭折，其他 3 个弟弟都依了我这个大哥，辞去原先的工作，加入了爱丽思的经营层，成为我的左膀右臂。

富生如今是专务，他大学时主攻经营学，毕业后在一家商社工作，且被寄予厚望。当时，爱丽思的经营出现问题，不得不忍痛裁员，于是我让他加入公司，充当我的“咨询师”。现在，作为整个公司的“管家”，他负责业务和人事等方面。就拿前面提到的“收购与重振企业”来说，虽然我是指明方向和原则的“舵手”，但他才是辛苦执行的“水手”。

繁生如今是常务，他是取得博士学位的技术工程师，掌管着研发部门。他当年就职于某大牌电气部件制造商，且工作成绩突出，在我的要求下，他加入了爱丽思。我们公司之所以能够研制出 LED 灯泡等电气产品，他的努力功不可没。

秀雄如今是财务部长兼董事，他是理科出身，对计算机领域十分精通。在他的领头下，爱丽思公司内部开发了用于自家大型计算机的处理系统；后来，公司向电脑化办公转型的过程中，他也发挥了关键作用。此外，他还是整个集团的“财务总管”。

“创业理念”的传承

我们兄弟之间之所以能够如此团结，源于对母亲敏子的深切感情。

前面讲过，我的父亲后来从商，因此常常不在家，是母亲操持着家中的一切。在建起塑料制品厂的 6 年后，父亲因病去世，只得由我这个长子来继承社长一职。当时母亲只有 40 多岁，却要独自把 8 个孩子拉扯大。可她十分坚强，没有一句抱怨。工人下班后，她便和我一起打扫车间。可以说，倘若没有母亲的扶持，当时的小工厂根本无法步入正轨。

母亲生于韩国庆州的望族。严厉的家风，培养了她坚韧而传统的性格。我继任社长后，由于业务应酬的需要，有时会半夜两三点才回家，而母亲每次都端坐在坐垫上等着我。在她看来，我已经是一家之主，而她作为家里的女性，不能自己先睡，而应该等我回来。为了回报这样的好母亲，我和弟弟们都很努力。2014 年，母亲因病去世，享年 92 岁。回顾母亲这一辈子，虽然前半生劳苦不断，但后半生还是比较幸福的。

我的大儿子晃弘曾经在海外留学，他毕业后也加入了爱丽思，负责统管公司的海外事业。而我所持有的股份，也都悉数转让给了儿子。如今，在爱丽思集团里，我依然担任社长的公司只有两家，其中一家是爱丽思欧雅玛。而在 5 年后，也就是我 75 岁时，我计划退休。公司里优秀人才众多，以后即便弟弟们退休，也不愁没有接班人。

我们集团并不对外公开发行股票。有不少人劝我这么做，都被我回绝了。与业务内容相比，我更重视“创业理念”的传承。为此，我觉得“家族经营的非上市公司”是最适合的形态。对企业而言，“东京证交所市场 1 部上市”的确是实力的证明，但上市的本来目的其实是筹措资金。幸运的是，我们集团目前没有这个需要。此外，在我看来，至少在日本，企业上市可谓弊大于利。有的专家说“上市有利于公司治理”，我对此表示怀疑。有的企业家甚至把上市当追求，视其为一种资质和名誉，这实在是本末倒置。

与家人合影（摄于 1982 年，后排最右为笔者）

我所追求的是“有理想的企业”，因此不愿整天被股价牵着鼻子走。有的上市企业为了眼前的股价而砍掉业务、解雇员工，将企业未来的希望扼杀在摇篮之中，而仅仅是为了讨好那些市场投机者。企业家一旦对投资者唯命是从，就会在经营中做出误判，最终伤害到员工的利益。

如果我公开发行股票，作为爱丽思的创始人，自然能够获得巨大的利益。但身为企业家，倘若受制于人、无法贯彻理念，经营便毫无意义。作为企业掌门人，远大志向和执行能力是关键，而上市则会带来诸多阻碍。总之，至少从目前来看，我们爱丽思集团不会上市。

第六章　员工眼中的好公司

让员工充满干劲的公司
——人事、论文与 360 度全方位评价

全体员工都认同的人事安排

在爱丽思，只要年龄在 30 岁左右，便有机会晋升为“管理级别”。对于该级别的员工，除了冬夏两季的常规奖金（与中国企业的“年终奖”类似，日本企业一般会在每年的冬夏两季发奖金。——译者注）外，还会给予春季奖金。我从 1987 年开始实施该制度。这笔春季奖金名为“决算奖金”，一开始是抽取公司过去 12 个月内税后利润的 5%；到了 2009 年，为了进一步反映员工的努力成果，我将其计算方式改为“各自业务利润的 4%”。换言之，员工为公司创收越多，拿到的“决算奖金”就越多。不仅如此，我还要求员工自己上报应得的奖金数额。

企业本来就应该为员工着想。我认为，应该尽量把赚取的利润与员工分享，但这并不是一种溺爱，最终是为了鼓励员工不断成长。

我没有当过上班族，所以只能采取自问的方式——“假设自己要找工作，那么希望在怎样的公司上班？”我给自己的答案是

“能够对员工做出正确评价的公司”。我们爱丽思的第三条企业理念便是“树立公司在好员工心目中的良好形象”，因此我十分重视人事评价，在这方面花了不少心思。在我看来，“透明公开”是关键。许多公司的人事制度之所以会引发员工的不满，其根源是“理由不明确”。虽说很难做到 100% 公平的人事安排，但“全体员工都认同的人事安排”，我觉得还是可以实现的。

每年春节长假之前，我都会选出公司的培养对象，让他们在假期撰写论文，题目由我出。对于他们提交的论文，我首先会请公司外的相关机构点评，然后在 2 月份举办社内发表会。在场听众包括公司董事、干部和与他们同级的员工，演讲者必须就自己的论文内容和过去一年的成果进行发表。大家都是同事，彼此了解，因此演讲者既无法夸大，也无法粉饰。根据相关机构的评价和社内发表会的表现，大家都能对演讲者进行排位。这样的培养对象每年都有大约 500 人，整个发表会耗时两周多。

2003 年，我还引入了“360 度全方位评价”的机制。每名员工都会获得三方面的评价，分别来自上司、同僚和下属，并以综合分数的形式告知本人。我也不例外，必须接受下属的评价。这种综合评价的分值高低，将决定“决算奖金”的额度及升迁提拔的力度。

积极努力者 大可“超车”

爱丽思的人事制度可以比喻为“三车道”。“根据资历和工龄晋升”属于“普通车道”，假如前者行驶缓慢，后者是无法超车的；同样，后者也不用担心被人超车。日本的政府机关等单位至今依然只采用这种人事制度。而一般企业往往采用“两车道”的制度，即在上述“普通车道”的基础上，增加一条“慢车道”，从而把后进员工分流至此，以免影响其他员工的晋升机会。而在爱丽思，还有一条“超车道”——具备能力、实力和意愿的积极分子，可以迅速获得提升。在我看来，这种“三车道”的制度是最为公平的。

而对于综合评价得分位列末尾10%的员工，我会悄悄给他们发“黄牌”。之所以这么做，并非为了贬低或解雇他们。相反，我会安排指导员，以不公开的方式暗中帮助他们，为期一年，从而激发他们的主观能动性。倘若有员工连续三年拿到“黄牌”，就会被降职，但不会被辞退。基于爱丽思的整体福利，哪怕是如此“绝对后进”的员工，拿到的工资也不会很少。我认为，工作并非人生的全部，每个人有自己的活法。与东京等大城市不同，地方性城市较为休闲和宜居，花在上下班路程中的时间不会太长，房价也较低，适合养育子女。这也是在地方性企业工作的优势所在。

前面讲过，“树立公司在好员工心目中的良好形象”是爱丽思的理念之一，不仅在日本国内，在海外亦是如此。我们不从海外子公司的利润中抽成。凡是海外全资子公司赚取的利润，不是被用于当地公司的再投资，就是作为当地公司的储备资金。

想当年，我们公司只是一家承接代工的小企业。即便努力降低成本，获利的也只是下订单的客户，自然会挫伤我方员工的积极性。有过这样的经历，在处理海外子公司和日本总公司之间的关系时，我便会将心比心。我认为，员工是公司的立足之本，是为公司创造利润的功臣。倘若自己的劳动成果被总公司拿走，无疑会心生不满。

曾经，世界列强凭借武力侵略弱国，争相夺取当地的财富和劳动力。虽然如此野蛮动荡的时代已然过去，但纵观如今世界各地的跨国企业，其中有不少凭借雄厚的资本和技术实力，在海外雇用人才、开展业务、获取利益，并将其悉数收入囊中。在我看来，这与当年列强的殖民活动并无二致。虽说每家企业的理念各有不同，但这种做法有违我的哲学思想。假如把总公司与子公司的关系比作“父母与子女”，那么“父母”在健康富足的情况下，就不应该要求“子女”赡养自己。

“管理级别”的员工亲自向公司董事汇报自己的业绩情况
（最前排从右至左第二名为笔者）

对下一代的责任

——继续发扬互助、共存的精神

站在消费者的角度 应对各种变化

我在 19 岁时继承了父亲的小工厂，当时只有 5 名员工，年销售额为 500 万日元左右；如今，爱丽思已经发展为年销售额高达 3400 亿日元的集团型企业，在国内有 13 家工厂，在海外有 11 家工厂，总员工数增至 9600 人。而产品线也不断拓展——从单纯承接代工时的洗发水瓶等塑料容器，到后来的塑料浮体、园艺用品和宠物用品等自主研发的产品，再到近年来新增的家电、家具和大米。

要问爱丽思为何能够取得今日的成就，其实原因有很多。而其中最让我感到幸运的，是我生在了好时候——1945 年，日本战败投降；而之后的两到四年，迎来了日本的婴儿潮。换言之，由于年龄的优势，我能够提前感知生活方式和价值观的变化潮流，而一旦制造出自己想要的东西，巨大的市场就会随之跟进。人们常说，养育之恩，无以为报。在那个物质匮乏的年代，父母含辛茹苦地把我们 8 个兄弟姐妹拉扯大。对此，我必须表示深深的谢意。

为了肩负对下一代的责任，我珍惜每一天的生活。日本战后的混乱无序和高速发展都已成为过去，如今是讲究个体需求的时代。消费者能否享受快捷便利的商品和服务，已经成了国家富足程度的标志。换言之，一个能让消费者在最短时间内、以合理的价格和配套服务买到所需商品的国家，便是一个好国家。

"提供快捷便利的商品和服务"是企业义不容辞的责任。有的企业以居高临下的态度推销自己想卖的东西，我认为这种方式是错误的。在我看来，企业应该站在消费者的角度，为消费者倾尽全力。以爱丽思为例，从"基于顾客需求"的理念出发，以"舒适便捷的生活"为核心，从事新产品的研发；通过"制造供应商"这种全新的模式，以十分高效的方式，为市场提供各种产品；企业管理者与员工齐心协力，一同站在消费者的角度，应对各种变化，从而创造出了园艺和宠物等领域的全新需求，开拓了全新的市场。

为了让世界人民的生活变得丰富多彩，爱丽思扎根于日本的生活文化，不断推出"基于顾客需求"的产品，并在海外建厂生产，从而让它们走进全球各地的家庭。得益于地方性企业的独立性，因此我们能够走出国门，迈向世界。日本战后的一大改革主题是"地方分权"，即各地不依靠东京，走出一条自主自强的发展之路。从该意义层面来看，爱丽思既是先驱，也是榜样。

坚持日本特色的经营方式 不断发起挑战

作为企业家，一旦在经营过程中需要做出判断，我都会遵循“本质化、多元化与长远化”的三大原则。纵观各种经营学和各大经济论坛，其主要基调都是“学习美国特色的资本主义模式”，但在我看来，倘若只是流于表面的一味模仿，引入“非执行董事”之类的西方管理制度，结果既不奏效，也不长久。我认为，日本企业不应盲目抛弃自身的优点。“互相尊重，互帮互助，共存共赢”，这些是日本商道中的传统美德。而在经营公司时，也应顺势而为，尊重员工的想法和意见，切忌生搬硬套外来模式，否则会出问题。

对接下来打算创业的年轻一代而言，眼下是个充满全新机遇的好时代。比如信息社会急速发展所带来的网购热潮，便催生了许多基于顾客需求的产品和服务。就拿我来说，如今也习惯了网购，大部分东西都是网上买的。作为一名古典音乐爱好者，我也不太买CD唱片了，而是付费下载Hi-Res音频（Hi-Res为“High Resolution Audio”的缩写，意为“高解析音频”。Hi-Res由索尼提出并定义，并由JAS〈日本音频协会〉和CEA〈消费电子协会〉制定，是一种高品质音频产品的设计标准。——译者注），享受临场感丰富的高保真音乐。

2015年，我迎来了古稀之年，但照样坚持锻炼。我每天早上散步2公里，每周在公司的泳池里游500米。凭我的身体状况，应该还可以为企业经营和社会活动奋斗20年。接下来的20年要怎么走？一步步完善企业理念，打造理想的组织；全球和国内市场变化不断，也充满机遇；基于顾客需求，提升消费者的生活品质……要做的事情还有很多，我会不断发起挑战。

就任社长 50 周年庆祝派对（2014 年摄于荷兰，中间为笔者）

第二部分　我的经营理念

本书第一部分回顾了我的前半生，我以现身说法的方式，阐述了自己在50年的经营生涯中总结出的经营信念和理念。而在第二部分，我将会介绍已经在爱丽思成文的相关规章制度，包括“企业理念”“经营方针”“爱丽思管理者十训”“企业成长的五大原则”“业务指针”。

我认为，经营企业即经营信息，唯有实现“信息共享”，才能真正发挥领导才干。那么问题来了，究竟该怎么做，才能跨越年龄和职位的壁垒，让全体员工都能理解名为“经营理念”的信息，并积极付诸实践呢？我在反复思考后，得出了自己的答案，这些答案被总结为若干警句，成了企业内成文的规章制度。

我并未拾人牙慧，而是用自己平实的语言，以浅显易懂、循序渐进的方式，传达自己的想法和理念。为此，我在警句的顺序编排上也下了一番功夫。

看过了第1部分，想必各位读者已经对我的经营理念有了大致的了解。在此基础上，希望各位能够垂阅体现该理念的具体条目，我相信还是不无裨益的。

企业理念

首先要介绍的是“企业理念”。1991 年，我把公司从“大山 blow 工业”更名为“爱丽思欧雅玛”时，便在之前积累的经营思维的基础上，正式确立了企业理念。

凡是爱丽思的新员工，在入职后必须先记住企业理念，并和同事一起念诵，这算是融入爱丽思的第一步。不仅如此，在每周晨会等正式场合，全体员工都会一起念诵爱丽思的企业理念。该理念共有 5 条，是爱丽思的经营根基。

1. 公司的目的是永远生存发展，在任何时代环境中，都必须建立一个创造高效益的组织机构。

一旦经营状况顺风顺水，就会加大投资力度，增加雇员数量，从而进一步提高销售额与利润，几乎所有企业都会这么做。但这样的好势头不可能永远持续，假如在经济景气时盲目扩张，就会在经济泡沫破灭时遭到冲击，从而陷入危机。对此，我们这一代企业家都有切身体会。

我当年之所以创立“制造供应商”这种全新的模式，正是为了避免被经济环境所左右。不管处于怎样的时代，只要能够把控销售渠道，做到“自己的产品自己经手”，那么即便身处供给过剩的买方市场，也不会被人牵着鼻子走，而是能够按照自己的价值观和企业的自主判断行事。为此，爱丽思不仅在全国各地建厂，还着力于培养员工的相关意识，让他们理解和掌握供应商必须具备的业务素质。

此外，为了在任何时代环境下都能保持盈利，关键要及时且到位地应对各种变化。假如企业规模过于臃肿，就会出现“船大难掉头”的情况，因此经营规模必须恰到好处。换言之，只有能够迅速应对市场变化的企业规模，才算得上是合适的规模。

关键在于体制的建设与改良，既要与现实变化相对应，也要与企业的发展壮大相适应，且整个过程必须循序渐进。企业也是组织的一种，而凡是组织，便会有“因循守旧，抗拒改革”的倾向。对企业而言，“沿着过去的延长线走”是最为轻松的。假如把企业比作人体，一旦养成了贪图安逸的习惯，即便头脑（管理层）拥有“努力应对变化”的意愿，其身体（组织）也无法同步行动。

2. 以稳健的发展贡献于社会，追求企业和社会效益的良性循环。

第一条强调“公司的目的是永远生存发展”，但我并非提倡“为求生存而不择手段”。企业的一大重要使命是造福社会。但一句“造福社会”，实际的表现形式则是多种多样的。对我们爱丽思而言，贡献社会的基本方式便是“研发快捷便利的产品，创造新的需求，通过解决日本人的生活难题，从而助力于实现富足的社会环境”。

具体来说，即站在消费者的角度，为其提供快捷便利的商品和服务；并以“消费者代言人”的精神，着力于产品研发，用心解决人们在日常生活中的不足、不满和不便。不仅如此，我们还重视卖场的规划和布置，其目的亦是让消费者的购物过程更为高效、便捷和舒心。这也是我们勇当“制造供应商”的初衷。

要实现这一目标，首先要“创造新需求”。倘若只追随显性需求、一味提供价格低廉的既有产品，便无法实现社会的富足。只有发掘消费者自身都未察觉的潜在需求，并将这样的需求变为实实在在的产品，才算是为实现社会的富足做出了贡献。

除此以外，雇用员工也好，照章纳税也好，也都是企业反哺社会的方式。而当企业具备相应实力时，还可以为当地的经济、文化及艺术等领域做出贡献，从而提升企业的社会形象。

3. 树立公司在好员工心目中的良好形象，公司与员工共存共荣。

在我看来，企业经营可以分为两大“流派”——“美国特色的经营方式”和“日本特色的经营方式”。

“美国特色的经营方式”以资本家为中心，以“投资回报效率最大化”为目的。为此，在分配利益时，往往也以投资者为中心。与之相对，“日本特色的经营方式”则主张“共同体化”。即以组织为中心，个人常常可以为了组织而牺牲自身利益。

纵观我们爱丽思集团，表面上是资本家的企业，但实际上却把广大员工放在最优先的位置。我之所以坚持不上市，也是为了避免让外来投机者对经营方针指手画脚。为了实现企业愿景、满足顾客需求，关键在于企业组织的良性运作，而其关键因素是“好员工”。所谓“好员工”，即愿意为企业努力奋斗并受到顾客正面肯定的员工。换言之，企业与员工相辅相成、共存共荣。

而支撑该理念的具体制度，便是我在本书第一部分第六章中介绍的“决算奖金”。在爱丽思，员工一旦晋升为“4级干部（最高为1级）”，就能获得与业绩挂钩的“决算奖金”。而且“决算奖金”不仅限于金钱，还包括公司股份。对持有股份的员工而言，如果公司发展良好，自己的资产也会增值，于是自然会努力工作，从而形成“公司好我也好”的良性循环。

在我看来，第三条企业理念是一条捷径，只要将这一条落实，就能使企业以较快的速度发展壮大，进而让员工与企业家双双受益。

4. 以顾客作为企业生存的基础，以生活提案型企业来开拓市场。

我们爱丽思集团一直偏好“蓝海”，瞄准竞争尚未白热化的高收益领域，通过自主革新，不断创造需求，开拓市场。换言之，我们的目标一直是“瞄准细分市场，做到人无我有”。对此，我想分成三方面来阐述——“基于顾客需求的创造”“基于市场需求的创造”“制造供应商的业态”。它们也是爱丽思经营策略的三大支柱。

在人们普遍追求闲适与满足的时代，以“快捷舒适的生活”为核心，研发能够解决消费者潜在不满的产品，便是“基于顾客需求”的创新。正如我在本书第一部分第三章中所述，当年的园艺用品市场是素陶器的天下，而我在彻底吃透植物生理特征的前提下，推出了塑料材质的花架，使园艺变得简单轻松，从而创造了全新的需求。而在家用收纳工具领域，我站在全新的角度，试图在既有的“收纳”功能上添加“寻找”功能，从而推出了一炮打响的透明收纳箱。换言之，通过彻底回应消费者的心声，我成功创造了需求。

但要注意的是，做到这点并非就一劳永逸了。不少创意看似精妙，最终却未能成为实物；有的产品创意独特，却在一阵短暂的热潮后迅速沉寂。要想让创意真正成为企业发展的持续增长点，仅凭创造需求是不够的，还必须搭配媒体的普及启蒙和一体化的市场营销，即“创造市场”。

再以爱丽思的园艺产品为例，我当年为了让消费者能够闲适地消磨时光，将“自己动手的园艺乐趣”进化为“装饰点缀的园艺乐趣”。这样一来，那些讨厌搞得满手是土的人和对园艺无甚了解的人（即原本不属于该消费群体的人）也对点缀自家庭院产生了兴趣。换言之，通过向消费者输出提案（侧重于装饰点缀的园艺文化），我引爆了日本的园艺热。这可谓“创造市场”的典型案例。而在宠物市场亦是如此，我不但提出诸如“宠物即家人”“宠物用品也属于‘DIY’产品”等前所未有的概念，还以媒体为途径，不断广泛传播。

随着不断推出针对消费者需求和市场需求的创意产品，我开始思考另一个问题——如何把产品更加及时地送到消费者手中？最终创造了“制造”兼“批发物流”的“制造供应商”模式。凭借该模式，爱丽思不但能够实现单品出货，还能够减少缺货情况、削减物流成本，并尽早尽快地获取和反馈消费者的意见。

为了应对消费者瞬息万变的需求，我一直把新产品作为爱丽思的销售主力，制定了“新产品销售额占比必须高于50%”的目标。为此，公司每周一都会举行“演示会议”，从而保证每年推出 1000 多种新产品。这一切之所以成为可能，归功于我一直强调的模式和机制。

5. 以高目标、无止境的态度不断革新，创造一个充满生命力的组织体。

在制订爱丽思的企业理念时，我参照了“起承转合”的结构章法。换言之，第一条是重点，而第五条则是总结。

企业作为一种组织，难免会随着时间的推移而变得因循守旧。而对爱丽思而言，这会导致第一条企业理念渐渐无法落实。为了避免这种情况，就必须保持组织应对变化的强大活力。这可谓公司的立命之本。但正如我在阐释第一条时所述，不管是个人还是组织，都倾向于稳定和安逸，这是人的本性造成的。

所以说，只有坚持远大志向、怀揣强烈愿望，并付诸行动，才能应对变化、不断进化。关键在于拥有清醒认识，不断审视组织结构，并且勤于思考“（当下的组织结构）是否与企业的变革需求相适应”。

换言之，具备与企业的目的和目标相符的使命感，并认真努力地将其落实到日常工作中，这便是第五条企业理念的中心思想，也是前面第一条至第四条得以付诸实践的原点。

经营方针

1987 年，我制定了公司的经营方针。所以说，爱丽思的经营方针早于企业理念。其源于我在实际工作中的经验和心得。如今，公司每个部门和团队在开晨会时，员工都会念诵它。经营方针非常重要，可谓具体落实企业理念的行动准则。

1. 顾客第一

这里的顾客不是指与企业直接发生关系的客户（譬如经销商等），而是指终端消费者。之所以把它作为经营方针的第一条，是因为其体现了爱丽思的立足点——为消费者带来便利。

2. 相互信赖

3. 互帮互助

4. 相互学习

第二、三、四条都是对团队和组织的基本要求。

倘若成员互不信任，组织便无法前行。成员作为个体，自然有自己擅长和不擅长的领域，因此必须互帮互助，并在此基础上认识到彼此的长处和优势，从而相互学习，并充分发挥彼此的才能。

5. 品质即生命

这条是对制造部门的要求。所谓追求品质，并非盲目追求

“高配置”或“世界记录”等不接地气的目标，而是为了能让顾客用得舒心、买得安心。在爱丽思，比起生产效率，我们更注重产品的可靠性和实用性。

6. 技术即珍宝

这是对研发部门的要求。第五条中提到了品质，而核心技术和创新能力则是支撑品质的基石。在我看来，技术是企业赖以生存的基础，因此我称其为“珍宝”。

7. 交货即力量

这是对物流部门的要求。而作为“制造供应商”，这也是我们企业独有的要求。说到物流业，体力活其实占了很大比例。为了按照客户的订单要求按时交货，就必须不辞辛劳、受累流汗。我经常对物流部门强调，不要按照自己的节奏来安排工作，而应该按照客户要求的交货期来安排工作。

8. 价格即繁荣

这是对业务部门的要求。争取订单是业务员的天职，但也往往会让其陷入“低价贱卖”的怪圈。业务部门不要一味地比价（比如“别家都卖这个价了，所以我们应该……”），而应该努力让客户认同自己的定价，从而实现“客户满意，公司获益”的繁荣局面。

9. 变化即机遇

假如一个市场毫无变化，那么新兴企业既没有机会分一杯羹，也绝无可能超越业内航母。唯有发生变化，才能出现机遇。消费者是善变的，昨天的“满意”，很可能变成今天的“不满”。作为企业，只有充分认识到这点，并敏锐察觉这种变化的预兆，才能把握机遇。

10. 整理整顿

这里的“整理整顿”，其对象不仅限于实物，还包括思维。只要勤于梳理自己的思绪，便能激发新的创意和灵感。

前面说过，爱丽思会定期举行“演示会议”，而我一直要求演示者“把要讲的内容精简到一页稿纸的量”，这也是一种“整理整顿”的思维训练。要想让如今泛滥的市场信息变为创新产品，就必须在日常工作中坚持物质与精神两方面的“整理整顿”，以便在需要的时候调用相应的资源和创意。

爱丽思管理者十训

“管理者十训”总结了提高组织力、现场力及思考力的方法。只要脚踏实地，从第一条做起，直到第十条，便能具备卓越的组织力、现场力及思考力。我在1993年归纳出了“管理者十训”，从那之后，不管是在举办管理者研修活动时，还是在其他类似的场合时，只要一有机会，我就会对员工反复强调它们。

1. 管理者并非管理员

管理者应该充当指导员的角色，在制订计划时应把握本质、多面考虑、着眼长期，在教育和培养下属时基于“三现主义”。

“三现主义”：在现场确认实物、分析现状，并根据现象推究原因，且反复自问5次“为什么”。

2. 确立相关体制

“知道”不等于“能做”。管理者应该对信息进行“整理整顿”，把变化视为机遇，并付诸行动。

3. 将目标明确告知下属

要想实现目标，管理者必须彻底贯彻“PDCA循环”（“PDCA”是“Plan-Do-Check-Act”的简称，该循环也被称为“品质管理循环”，其针对品质工作，按规划、执行、查核与行动来进行活动，以确保目标完成，并促使品质的持续改善。——

译者注)，从而引导下属达成目标。

4. 不要单调重复

一旦陷入单调的重复，创造力就会消亡；倘若失去了这样的感动与喜悦，人生便无意义。

5. 不要惧怕失败

失败的原因往往是不够努力。"保持极度高涨的热情"是管理者感染他人的"终极武器"。要坚信，今天的努力，将会带来明日的幸福。

6. 能力取决于意欲

只要充满"想发光"的意欲，金子必然能够发光。管理者应该激发下属的主观能动性，并鼓励其不断实践。只要持之以恒，毅力便能升华为能力。

7. 因材而用 公正评价

不公平的制度会滋生员工的不满和嫉妒情绪，最终导致人心涣散。管理者必须严于律己，并对下属进行"爱的鞭策"。

8. 勤于报告 有所担当

管理者应该勤于报告、联络和商量，并积极思考实现目标的手段和方法，进而以身作则、率先垂范。

9. 公私分明

"稍微打个马虎眼没关系"，这种放松自我要求的想法足以致命。要知道"下属的眼睛是雪亮的"，管理者应该将心比心、竭尽全力。

10. 先管理自我 才能管理他人

管理者应该警惕"贪图安逸"的思想，以坚定的信念投身工作。

企业成长的五大原则

2006年，爱丽思的盈利能力和企业实力已经很强，但成长势头却不断减弱。我对此深感忧虑，于是开始回顾爱丽思快速成长期的状态，回归“如不成长，便无发展”的经营原点。通过这样的不断反省，我在第二年（2007年）制定了“企业成长的五大原则”。

如今，不少日本企业遭遇了“成长低迷期”的瓶颈。在我看来，这“企业成长的五大原则”应该具有普遍的参考价值。

1. 积极经营才能促成长 要不畏风险地勇敢挑战

我一直贯彻“积极主动”的经营方针，但在产品研发、市场战略和设备投资方面，的确存在“重收益、保平稳”的保守倾向。为了做出改变，必须不畏风险、直面挑战。

2. 只有着眼于现场 才能发现商机、提出建议

在爱丽思，“现场”是重中之重。通过着眼于现场，我们才能清楚把握顾客需求、竞品优劣和各种商机，并在此基础上提出建议，最终落实到市场战略及产品研发中。

3. 通过自主管理 实现自主经营

爱丽思提倡全体员工基于自主判断，努力为企业赚取利润。通过“沟通到位”，实现彼此信任的职场氛围。换言之，必须做到“相互信赖，全权委托”。

4. 提高薪资待遇 降低用人成本

“较低的用人成本”的确是企业的竞争力，但其核心是“用人成本占比”，而非“员工薪酬高低”。“高薪养勤”是提高企业生产力的有效手段。而生产力一旦提高，用人成本便会下降，可谓企业与员工双赢。

5. 坚持自我改革

要想出色完成被赋予的任务，就必须做到高瞻远瞩。即以“高一个层次”的视角来纵观全局，不断培养企业家应有的判断力，并杜绝“今年如去年，今日同昨日”的原地踏步，时刻具备“自我改革”的意识，不断实践企业理念，从而实现企业的持续成长。

业务指针

我在 1995 年制定了爱丽思的“业务指针”。当时我们所占的市场份额已经很高，可谓“业内强者”，但在销售额增长方面却遭遇了瓶颈。经过一番思考，我发现了问题所在——随着企业规模的增大，员工被日常的事务性工作所累，整日加班却效率低下。换言之，身为“强者”，其工作模式却逐渐向“弱者”靠拢。于是乎，我对员工教育道：

“弱者靠时间决胜负，强者靠实力决胜负。不要让自己辛苦流下的汗水变得廉价。提高销售额靠努力，提升利润率靠智慧。”

只要努力，便能拉动销售额；但要想实现高收益，就必须彻底发掘自身的智慧和潜力，进而做到扬长避短、聚焦优势。

此外，全方位的“整理整顿”也是不可或缺的。具体来说，即“重新审视工作方式及机制，基于本质确定各个环节和步骤的优先级”。通过这种梳理，企业整体也好，员工个人也好，都会逐渐成长为非常优秀的“强者”。在这样的主旨之下，我制定了上述“业务指针”。

如今，“提高白领的工作效率”已然成为企业管理的热门课题。在我看来，爱丽思的“业务指针”应该能对不少日企起到一定的借鉴作用。

第三部分　致员工的箴言

在本书第二部分，我介绍了爱丽思多年来不断传承的诸多“经营理念”。

为了将这些理念落到实处，只要一有机会，我便会用平实的语言，亲自教导公司员工。而其中最为重要的场合，便是爱丽思每周一的晨会。

在本书的第三部分，我会向各位读者介绍一些我对爱丽思员工所说的箴言，它们都出自晨会。在过去的 20 多年里，我出席的晨会超过 1000 场，讲过的内容不计其数。我从中精选了一些对员工非常重要的内容，相信对各位读者（尤其是自主经营企业或负责管理企业的读者）也会有所帮助。

基于“保持原汁原味”的原则，我对当时讲述的内容采取“原文再现”的方式，不加任何改动，因此可能会出现内容重复或逻辑跳跃的情况，还恳请各位读者谅解。

换言之，亦可将第三部分视为“经营理念的实践篇”。

第一章　本职业务与整体适应

区分目的、目标与手段

今天早上，我想对各位讲一讲我理解的“目的”、“目标”和“手段”。

各位平日的工作和行动，一般都有其具体的目的。为了达成目的，需要制订相应的目标；而为了让目标变得可行，则需要思考相应的手段和方法。

我们爱丽思的目的，便是让大家每周晨会上念诵的“企业理念”，而经营方针和事业计划便是为了达成目的而设定的大目标。这些大目标与各位的具体工作目标紧密相连。

只要静下心来思考，便能明白我们的目的和目标是什么，但正所谓“当事者迷”，尤其在重复相同工作、一味埋头苦干的情况下，就容易混淆目的和目标的概念，甚至将二者颠倒。

就拿上周六的新技术发表会来说吧。该会的目的是通过研发新技术来削减成本、改善品质。为此，各部门和岗位应该制订明确的目标，在半年左右的期限内寻求具体的手段和方法。这才是新技术发表会的主旨所在。

当然，在过去总计 11 次的新技术发表会中，我们的确革新了许多技术，降低了大量成本，还研发出了不少新产品。但随着该会开到第 10 次、第 11 次，在很多人眼中，开会本身变成了目的。有的员工形成了被动的任务观念，认为“快要开新技术发表会了，所以得发表点儿成果出来”。

这样的任务观念并不仅限于新技术发表会，纵观各位的日常工作，类似的问题也普遍存在。有的人忘却了最初的目的，把目标当成目的；有的人本末倒置，把手段视为目的。

因此，我希望各位回归初心，再一次明确“做什么”，包括自己的部门、自己的工作以及既定会议的目的；并且审视“怎么做”，包括如何制定目标、如何实践手段和方法等。只要做到这些，不管是每月的工作、每周的工作还是每天的工作，都能以高效的方式，向着明确的目标不断迈进。

我今天之所以讲“目的”、“目标”和“手段”，归根结底是为了让各位能在工作中养成“追寻本质”的习惯。

（1995 年 9 月 11 日）

最终应该掌握的不是知识 而是智慧

我们爱丽思每个月都会召开业务会议和业务战略会议，并将“报告”“联络”“商讨”这三大环节充分落到实处。所有的部门领导和相关负责人几乎都能做到“信息共享”和“知识共享”。然而，要想真正提升销售额，要想让业务部门将事业计划真正落到实处，就需要发挥“智慧”的作用。而从目前来看，各位在这方面还是有所欠缺的。哪怕知识储备再丰富，倘若缺乏将其转化为成果的智慧，再好的计划也会化为泡影。

有人会问：知识积累得越多，是不是智慧也会水涨船高呢？答案是否定的。在我看来，只有洞察问题的本质、切实执行解决问题的手段和方法，才能激发出真正的智慧。

对于“该做什么”之类的问题，想必各位心里都有数，但仅仅“知道”是无法达成目标的。各位都有自己的下属，在下属面前，必须以身作则、率先垂范；并且不可满足于单纯的知识积累，而应该思考“如何达成计划”，从而激发自身的智慧。一旦明确了这点，就要在日常工作中时刻锻炼自己的脑力和眼力，进而领悟到“自己具体该怎么做”。

那么问题来了，究竟该怎么做，才能将知识升华为智慧呢？

对此，我首先想谈谈自己是如何寻找创意的。我的方法是“时刻着眼于各种问题”。我有个习惯，脑子里一旦有了创意，我就会把它记在浮签上，从而积累成一个“创意索引”。创意是个奇妙的东西，它说来就来——不分时间和场合；且捉摸不定——与思考的时间长短不成比例。但只要坚持“着眼于问题思考”，创意就会逐渐增加，有时甚至如涌泉一般，不分时间和场合地源源不断冒出来。

待到要用时，便把记过的浮签拿出来排列组合，从而激发出新的创意。换言之，记录不是为了单纯的备忘，而是为了之后的灵活运用。不少人其实都有记录的习惯，但其中大多数只是做到了“记录”这一步，之后便把记好的东西雪藏了。所以说，各位不但要勤于记录，还要学会从记好的东西里发现问题，进而开动脑筋，努力思考解决相应问题的方法和对策。长此以往，便能从知识的土壤中培养出智慧。

（1999 年 11 月 29 日，2000 年 3 月 13 日）

管理要从“部分适应”进化为“整体适应”

最近，我试着回归原点，思考“我们爱丽思的优势是什么”。结果发现，我们的确拥有不少其他公司所不具备的优势。比如“制造供应商”模式、在中美欧各地开展的全球化业务等。回顾过去的20多年，我再次领悟到，我们爱丽思最大的优势是“应对变化的能力”。

纵观日本经济，其长期处于十分剧烈的变化之中。从“二战”后的高度成长期到成熟期，再到经济泡沫破灭后的滞胀期。面对这种极端的环境变化，我们爱丽思没有停留在被动应对的层面，而是在逐年发展进化。可以说，这种“在变化中进化”的能力，已然融入了爱丽思的DNA（遗传基因）之中，而这正是我们最大的优势所在。

但这并不意味着我们可以高枕无忧了。正相反，我们如今面临的最大问题是“组织的僵化”。“灵活变化”是组织的理想形态，可我们的岗位和部门之间的协调能力却在日益减弱。按理来说，一旦组织确立，就能根据经验来进行管理，从而实现“整体适应”的目标。但正如刚才所说，现实情况是在不断变化的，去年不同于今年，今年不等于明年。倘若只凭经验，沿着过去的延长线走，“整体适应”就会逐渐走形。如何在新体制中实现“整体适应”？这的确是个难题。但只要跳出自己的思维桎梏，聚焦于我们爱丽思本身的变化过程，就势必能够将管理模式从“部分适应”进化为“整体适应”。

为此，各部门在相互协调时应该积极主动，在“整体适应”的基础上，积极发挥主导权，从而为实现计划而努力。各位干部要避免机械重复和各自为政，而应该做到纵观全局，并洞察我们与友商之间的竞争关系以及消费者的实际需求。这样的领导才能是实现“整体适应”的关键，也是爱丽思目前最需要的特质。

但要注意的是，光有领导才能还不够，关键在于发挥有利于实现“整体适应”的主动性。所谓主动性，是指“率先行动，落实计划”的执行力。合格的领导应该具备指导能力和判断能力，但其最重要的职责在于“展示明确的愿景”。即便出色发挥了指导能力和判断能力，倘若缺乏愿景，也无法提升整个组织的行动力。换言之，领导应该展示愿景、意志坚定，拥有强大的感染力和号召力，且为人仰慕、心胸宽广。在我看来，这些才是领导最可贵的特质。

总之，“主动性”是领导才能中的关键因素。倘若没有它，领导的个人能力再强，也无法有效带动整个团队和公司。希望各位干部不要“自扫门前雪”似的局限于自己的部门，而应该以“跨部门”的方式，积极发挥主动性和领导才能。

（2003 年 7 月 14 日，10 月 27 日）

将企业文化从“重努力”转变为“重结果”

在之前的晨会上，我十分严厉地指出了产品研发和生产企划中所存在的问题，但产品研发、生产企划及品质管理部门的员工似乎不太服气，他们认为“自己已经很努力了”，质疑“领导为什么如此批评”，觉得“虽然结果不理想，但没有功劳也有苦劳”，希望“领导能对自己予以肯定”。在我看来，抱有这种情绪的员工存在思想误区，他们或许以为“拼命努力便是全部”。

和懒惰懈怠相比，认真努力当然是好事；和半途而废相比，坚持到底当然也是好事。但如今的经济环境持续低迷，倘若企业不思考、不求变、不出成果，那便无法生存。

为此，就必须转变思想，从之前“重努力”“重存在感”的企业文化，转变为“重结果”的企业文化。即便再努力，倘若不能出成果，也是毫无意义的。

要想成为胜利者，就必须满足消费者的需求，并在竞争中具备压倒性的优势。只要朝着该目标奋斗，企业便会不断成长，事业计划也必定能够落实，最终实现企业的增收增益。

之前，我们爱丽思对员工的评价标准主要基于“努力程度”。当然，与不努力者相比，企业当然更欢迎努力者。努力的态度不但对企业有益，还能为其个人带来成就感。但凡事皆非绝对，假如一家企业明明具备较强的综合实力，但其销售额却原地踏步，甚至利润率出现负值，那么原因只能是“员工的努力没能开花结果”。我们今后要把“重视努力”的企业文化转变为“重视结果”的企业文化。这是爱丽思今后的关键课题。

之前，我们爱丽思的工作方式以“例行程序”为主，各位员工按照企业制定的规则行事。这种工作方式的优点在于“标准”和“高效”。追求效率是企业的天职之一，因为效率是提升竞争力和盈利能力的基础。

为了尝试提高效率，我们爱丽思一直致力于改善业务流程，但所谓“效率论”其实也存在着巨大的陷阱。与其让一个人负责多项工作，不如多人分工，让专业的人做专业的事。按照现代企业管理的常识性概念，这样能够提高效率。但随着效率分工的逐渐推进，各个岗位过分追求“专业化”，使得组织的上下等级和部门意识过于强化。该问题不仅存在于我们爱丽思的业务部门，在制造、物流等各个部门皆有所体现。

爱丽思的部门和岗位都划分得较为专业，通过让员工各司其职，培养出了大量拥有专业知识及业务能力的人才，从而获得了在业内具有压倒性优势的综合实力。但另一方面，对“专业性”的执着，可能会导致各部门之间的横向联系日益减弱。换言之，随着不断发展壮大，我们爱丽思有患上“大企业病”的风险。

为了避免这样的情况发生，应该正本清源，不要单纯地在企业管理的层面追求“高效”，而应该着眼于消费者和竞争对手，针对“满足顾客需求”及“保持竞争优势”来提高效率。为此，就需要提高每名员工的个人能力。请各位思考一下：你们在爱丽思的存在价值是什么？你们为爱丽思工作的动机是什么？答案其实很简单——都是为了让事业计划得以实现。这就如同体育竞技，“取得胜利”是全员的共同目标，大家齐心协力，在赛场上奋力拼搏，但如果没有出成绩，就只能换人再战。这便是“对结果负责”的理念。

我就接着拿体育竞技做比喻，各位之前的工作模式类似“打棒球”。棒球比赛没有时间限制，快的话 2 小时结束，慢的话可以打 4 个多小时。

而从今往后，各位的工作模式必须转变为“踢足球”。我们知道，足球比赛分上下两场，上半场和下半场各 45 分钟，球员们需要在 90 分钟的时间限制内一决胜负。我们爱丽思要从“打棒球”向“踢足球”转变。这就需要各位积极开动脑筋，认真思考“如何在有限的时间里提高效率”。

企业文化包括企业的目的、目标和价值观，而只有全体员工理解它们、认同它们，企业文化才能真正获得传承。而“对结果负责”的文化和“力争成为胜利者”的文化亦是如此——它们属于全体员工，也必须被全体员工所传承。构建企业文化绝非一日之功，就拿“制造供应商”的模式来说，整整过了 20 个年头，其才以企业文化的形式扎根于每名爱丽思员工的心中。面对将来的新变化，我希望爱丽思能够立于不败之地，这便是我今天讲话的主旨所在。

（1997 年 5 月 12 日，2006 年 7 月 10 日，2008 年 12 月 8 日，2009 年 2 月 23 日）

实现股东、经营者与员工的“三位一体”

我们爱丽思集团的企业文化中有“三位一体”的概念，即股东、经营者与员工的“三位一体”。为了实现这种理想的企业形态，我们认为与其向外部寻求融资或入股，不如让自家员工发挥股东的作用。

基于这样的宗旨，我在 2004 年建立了员工内部持股的机制。我们知道，股市存在诸多不稳定因素——有的上市公司业绩平平，却因为与投资热点挂钩而股价攀升；有的上市公司实力雄厚，却因为缺乏话题和关注而股价下跌。而我们的机制则不同——基于股东权益的金额，员工们能够安心地在公司内部买卖爱丽思的股票；而只要公司盈利，股东就能获得分红。

通过实现股东、经营者与员工的“三位一体”，我们爱丽思集团与广大员工便成了“利益一致”“愿景一致”的共同体。根据爱丽思的体制，员工一旦晋升为“4 级干部”，便拥有了成为公司股东的权利。只要员工的职位是“4 级或 4 级以上”，便能获得与贡献和业绩挂钩的“决算奖金”，从而有权购买不超过奖金金额的股份。通过这种方式，所有爱丽思的干部都能成为公司股东。而一旦以“我是股东”的主人翁意识投入工作，便能对企业产生“共存共荣”的纽带感。

（2005 年 2 月 28 日）

第二章　改善体制与培养人才

“多面评价”为何重要？

我们爱丽思的人事评价体系可分为三大块。第一块是每年考核两次的“业绩评价”，其关乎奖金，由各位的直属上司执行。评价的是各位上、下半年的实际业绩，并与各位的奖金挂钩。

第二块是每年考核一次的“相对评价”。每年 2 月，我们爱丽思都会举办研修班，这种研修班是分级别的，比如领导有领导研修班，经理有经理研修班等。在研修时，相关委员会对各位的表现做出评价，该评价直接关系到各位日后的升迁。

第三块是综合性的“多面评价”，在每年 12 月进行考核。各位不仅要自我评价，我们还会让各位的上司、同僚及下属来评价你，可谓 360 度全方位的评价。

在进行“360 度评价”时，各位的上司、同僚和下属拿到的考核项目都是一样的，为的是让“自我评价”与“他人评价”发挥客观对照的作用。当下属评价上司时，其评价结果不会直接传达到上司那里，而是作为“上司评价”、“同僚评价”及“下属评价”中的一组数据，最后以“相加后除三”的计算方式，隐藏在平均数值中。顾名思义，被评价人最后得到的是“三位一体”的评价结果。再强调一遍，这种评价体系的主旨在于“客观对照”，即把“自己对自己的评价”与“别人对自己的评价”进行对比，从而发现一些原本无法察觉的问题。正所谓“当事者迷”，有些事情在上司看来理所当然，在下属眼中却极不合理，类似的情况在企业里并不少见。因此我才制定了这种“360度全方位”的评价体系。

总之，对于员工上、下半年的业绩，我们会基于实际数据进行“业绩评价”；而在分级的研修班里，我们的人事评价委员则会基于员工表现进行“相对评价”；除此以外，我们也重视其他人的声音，包括同僚及下属的评价，为的是避免评价的主观化和狭隘化。

要想让评价机制变得更加客观合理，就需要结合被评价对象的“业绩数字”与“研修表现”，再加上“多面评价”的体系。通过这三大评价基准，基本上能够较为真实且均衡地反映每名员工的热情、能力及业绩。鉴于此，希望各位在我们爱丽思工作时，能够在日常业务和交流沟通两方面都做得到位、做得优秀，并充分认识自身职责，努力为企业做出贡献。

（2003年10月14日，2008年4月7日）

采用“足球比赛”及“三车道”人事制度的初衷

我们爱丽思尊崇“实力主义”，“提拔先进”“人尽其才”一直是我们分配岗位的宗旨。但另一方面，缺乏能力和热情的人也照样存在。对此，我决定在今年做出一些改变——根据这次研修活动的评价结果，对于那些缺乏能力和热情的人，哪怕是位于管理层的领导，也要进行相应的警告。我把这种警告制度称为“黄牌制度”。其给予对象是那些不参加研修班或在研修活动中位于末尾 10% 的后进分子。“黄牌制度”的初衷是为了“催人奋起”，但倘若对象无动于衷，其结果就和足球比赛一样——如果连吃三张黄牌，就会面临降职处分。

但我在此强调，发黄牌不是为了给人贴标签，而是一种积极的提醒。事实上，黄牌制度是卓有成效的。虽说吃了黄牌等于成了后进分子，但在相配套的辅导之下，反而能够取得巨大的进步。通过试验发现，吃了黄牌的人在接受一年左右的辅导后，有不少都判若两人——不管在“工作思维”还是“工作态度”方面，都有了很大程度的提升。

基于此，我认为应该进一步明确赏罚制度，从而强化组织的凝聚力和战斗力。所以说，吃了黄牌的员工不要灰心丧气，而应该把它看作一个改变自我的机会，从而以认真的态度直面自己的缺点和不足，并努力予以克服。

再说到降职，不少员工非常抵触企业的这种做法，一听到就觉得如临大敌。其实，对员工而言，降职并非单纯具有惩罚性的“恶制度”，降职制度能够避免人浮于事，从而把一些长期被占据的职位和岗位空出来，进而让有能力的优秀员工获得提拔。像企业这样的组织，其成员可以分为两大类，即“管理人员”和“非管理人员”，二者必须趋于平衡。倘若存在大量不作为的管理人员，那么优秀的“管理人员苗子”就无出头之日。为了解决该问题，人事结构的改革是关键。

我们爱丽思的人事制度可以用“三车道”来形容，它们分别是“普通车道”、“超车道”和“慢车道”。如果一名员工不思进取、逐年退步，或许其本人以为自己在四平八稳的“普通车道”，但其实已经在不知不觉中“驶入”了“慢车道”。与之相反，原本比他等级低的新晋员工却在“超车道”上“嗖嗖飞驰”，不断将他超越。有的员工自认为已经非常努力，但随着职位的晋升，逐渐遭遇瓶颈，从而落后于整体的“车速”。

这种“三车道”的人事制度源于“实力主义”，因此对拥有“能力”、“实力”和“热情”的先进者而言，的确是一种能让他们快速获得提升的好制度；反之，后进者则会渐渐聚集于“慢车道”，从而造成两极分化的现象。换言之，在一个崇尚“实力主义”的职场，强者能够找到工作意义、激发工作热情；与之相对，弱者往往会遭到忽视、沦为陪衬。

在我看来，只有实现全体员工“矢量一致”“目标一致”“团结一致”“热情一致”，才是理想的职场。我们爱丽思必须构建这样的职场，让能力出众的先进者进一步获得发挥，让较为懈怠的后进者努力地争取进步，从而做到万众一心、共同奋斗。

（2002 年 3 月 4 日，2004 年 2 月 2 日，2011 年 4 月 4 日）

有效运用“人力资源”

组织并非单纯的机器或构架，因此在运营时必须“以人为本”。不少人把企业员工定义为“人财”或“财产”，我对此不敢苟同。在我看来，员工是企业的“资源”。我希望各位也能具备这样的意识。我们知道，财产的价值会自我波动——通货膨胀时上升，通货紧缩时下降。而资源则不同——如果运用得当，其价值能够飙升两三倍；如果运用失误，则会产生巨大的反效果。由此可见，人是构成组织的关键因素，假如企业把每名员工视为资源，并将其有效运用，便能大幅提升综合实力。

那么问题来了，如何才能有效运用“人”这种资源呢？关键在于“授业”。在教别人的过程中，等于自己也进行了一遍复习。假如闭门造车，只管自己努力，即便个人能力获得提升，也只是非常局限的“个人资源”。要想实现资源共享和资源价值最大化，就应该把自己的知识和经验传授给下属和同僚。正所谓“三人行，必有我师”，通过教别人，同时也能从别人那里学到很多东西。各位必须拥有这样的意识。一旦做到了这点，不管是企业还是团队，就会成长为一个自动进步、自主提升的“学习型组织”。

需要注意的是，人一旦拥有了下属，往往就会变得以自我为中心。而要想达成企业和所属部门的目标，就必须摒弃这种傲慢的心态。所以说，干部要具备集体意识，明白“唯有相互协作，才能成就事业”，从而在思考问题时养成“以他人为中心”的习惯，并努力与下属进行沟通。

此外，在看待下属时，不要一味抓着缺点不放，而应该更多地着眼于对方的优点，并将其最大限度地发挥出来。这是身为上司的责任之一。通过相互切磋、相互学习，共同奋斗、共同努力，通过相互确认工作成果，构建能力强大的优秀组织。

接下来，我想谈谈如何激发组织的潜力。如各位所知，同一种性质的岗位中有多个团队，且岗位与团队的概念完全不同。岗位是部门下的单位，而团队虽说也是构成部门和岗位的基本要素之一，但却与岗位有所区别。以棒球队和足球队为例，其队员通过选拔而来，每名队员都必须明确球队的目的和目标，并且发挥被赋予的职责。

不管何种运动项目，凡是优秀的队伍，所有队员势必对共同目标认识明确，为了取得胜利，甘愿全力拼搏，即便牺牲自己也在所不惜。换言之，对于队伍的目标，队员们做到了“相互共享”。

那么问题又来了，每名队员具体该如何发挥作用，才能让队伍迈向胜利呢？其关键在于领队的领导才能和号召力。即便集结大量优秀的队员，倘若无法统一“使命感”和“精神主旨”，也只能是一盘散沙，无法取得胜利。

（2001 年 8 月 27 日，2005 年 10 月 31 日）

“沟通力”是提升领导才能的钥匙

“领导才能”是个复杂的命题，其包含各种条件。其中，“统领团队的执行能力”和“受人仰慕的人格魅力”固然重要，但在我看来，最为关键的还是“沟通力”。

众所周知，不少企业和组织会出现“相互推卸责任”的情况，让我们先来探讨一下其原因所在。在我看来，这与个体的关系不大，毕竟组织中的成员不可能个个都天生带有逃避责任的恶习，问题出在“无知”，包括“对彼此沟通能力的无知”和“对彼此当下处境的无知”。有的员工会说，自己整天埋头于工作，为了在有限的时间内实现高效的产出，哪还有时间去顾别人？对于这样的说辞，我表示理解，但也正因为如此，各位才更需要克服困难、努力与他人进行沟通。就拿我们爱丽思的全体企划会议和月度例会来说，它们其实也是绝好的沟通机会。希望各位在会议上不要只用冷冰冰的数字对话，而应该积极共享信息和理念，从而实现有效的沟通。

而要想强化这种有效的沟通，就必须基于共同的愿景，并通过深化信赖关系，统一彼此的目的和目标，进而做到“矢量一致”，将彼此的力量拧成一股绳，向着同样的终点冲刺。在我看来，这便是企业和个人获得成长的捷径。通过这次的研修活动，我希望各位能够回归初心，重新燃起对于愿景的热情。

企业的革新也好，成长也好，靠的是每名员工所贡献的力量。鉴于此，我希望各位在今后的工作中能够更加重视沟通。

（2003 年 2 月 7 日，2005 年 2 月 7 日）

管理者的三大职责

企业管理者的职责有很多，但大致可以分为三方面。第一方面是“自我成长，自我提升”；第二方面是“教育下属，指导下属”；第三方面是“提升团队，强化团队”。由此可见，身为管理者，仅仅提升自我是不够的，只有同时做到“自我提升”、“下属提升”和“团队提升”，才能真正管好团队、强化团队。

纵观我们爱丽思，隶属管理层的干部们还是倾向于把自己的事情摆在首位，不少干部只顾拼命努力提升自己的业绩和能力；当然，有的干部能够兼顾自我提升、教育下属和强化团队。但从整体来看，我感觉还是前者占多数。

通过本次管理者的研修活动，我自己也有了一定的反省——身为领导，在教育下属、指导下属方面，我自己也有所欠缺，没能腾出足够的时间与下属进行对话和交流。与此同时，我也认识到，在我们爱丽思，能在日常工作中时刻具备团队意识的干部还是太少。许多人在着手改进工作方式及提升团队能力时，依然缺乏“与下属一起探讨、共同努力”的协作观念。

我已经强调多次，要想提升一个组织的综合实力，“领导才能”是关键，其体现在“在职培训”（On the Job Training，简称

“OJT”)、“在职指导”以及“方法传授”等各个方面，但其基础是“沟通力”。顺便说一下，参加本次研修活动的各位是从全国各地的爱丽思工厂中选拔出来的，总共20名，可谓各部门的佼佼者。而各位明明已经学习过了我在晨会上的讲话，可当我问起“何为领导才能的关键”时，回答出“沟通力”的人却寥寥无几。这让我感到很遗憾，也让我看到了各位在日常工作中的问题所在，即拘泥于固有观念，“闭门造车”般地只管自己埋头努力，其实只是机械性地完成任务而已。

为了发挥管理者的三大职责，并且在组织中顺利推行，各位必须重视与下属之间的沟通交流，通过提升“沟通力”，充分发挥自身的领导才能。

（2004年9月21日）

实现“公正评价”从而盘活人才

明确个人及团队目标，对员工进行公正评价。这是我们爱丽思人事制度的基本主旨。我认为，在这样的制度保障下，员工能够感受到工作的价值和意义。人们常说，“人、物、钱、信息”是企业的“四大资源”，但在我看来，最宝贵的资源是人才。企业应该把“如何提升‘人才力’”视为首要课题，把“培养人才”视为长远投资。为此，我决定改进爱丽思的既有制度，并与人事评价委员会成员举办了午餐会。

对于人才育成，我们爱丽思的基本理念是“自我学习”。与学校的“灌输式”教育不同，在爱丽思，员工必须针对自己的目标或不足进行自主式学习。但这种学习制度并不是完美无缺的，正如各位在分级研修活动中所见，一部分员工兴味索然，缺乏学习热情，进而沦为排在末尾的“后进生”。如何激发他们的积极性，成了爱丽思当下亟待解决的课题。我认为，必须加强反馈，包括对研修成果及多元化评价的反馈。应该由人事部牵头，提供支持、跟进情况，从而让丧失热情的员工重拾信心、专注工作。这也是改进制度的目的所在。

此外，为了激活组织，还需要“不拘一格降人才”，对于具备热情和能力的年轻员工，即便其缺乏资历，也要积极予以提拔。反之，那些缺乏热情和能力的老员工则应该“退位让贤”，让年轻的新生力量接替他们。这种制度与我所提倡的“对结果负责”的理念完全一致。

（2009 年 3 月 9 日）

授业即学习——培养下属的心得

“共享目标、积极沟通、公正评价”，这是我们爱丽思在培养员工时的一贯宗旨。为了在今后实现更大的飞跃，各位管理层干部必须先实现自我成长。“授业即学习”，干部对下属的教育和指导并非单方面的“输出”。我希望各位在与下属共事及交流的过程中，能够相互学习、一同成长。

而要想实现大幅度的进步和成长，就必须做到“自我变革”。为此，就不能在工作中“沿着过去的延长线走”，而应该不断挑战，以提高自身的创造力。进取心、使命感和乐观精神缺一不可，而一旦具备这三种素养，便能将原先的教育和指导活动提升一个档次。换言之，这时培养出的已不是单纯的“下属员工”，而是自己的“左膀右臂”。

企业要想成长，干部就必须培养出自己得力的“左膀右臂”。为此，要么贯彻“三现主义”，全程关注下属的成长；要么进行“手把手教”，全程辅导下属的工作。

但正所谓“过犹不及”，倘若事无巨细地进行指导，就会削弱下属独立思考和行动的能力。所以说，“明确指示方针、提出命令”固然不能变，但各位在指导下属时，可以多征询下属的意见，比如“换作你会怎么看”“换作你会怎么做”等等，并询问对方相应的理由和设想的结果。通过这样的反复问答，便实现了相互学习、共同成长。

“确立体制，照章办事”，这样的工作方式的确能够保证一定的效率。这也是我们爱丽思之前一直采用的管理模式，其优势在于能够“整齐划一”地运营组织。但考虑到爱丽思今后“国际化”的发展战略，就必须做出改变，从而实现飞跃。倘若在管理员工时依然“沿着过去的延长线”，便无法实现巨大飞跃。鉴于此，我认为各位干部必须实现自我成长，为了企业的发展不断挑战，从而实现个人与组织的双赢。

这样的要求并非只针对管理层干部，还包括各级领导和领导助理。换言之，凡是拥有下属的员工，都应该充分领会上述讲话的精神，并在今后教育和培养下属的过程中努力做到活学活用。

（2011 年 2 月 14 日）

做到四点 提高“人格素养”

我经常强调员工的“自我升级”问题。随着爱丽思的发展壮大，其作为企业的层次在不断提升，既然企业在升级，那么员工也必须升级。而员工升级的关键在于提高“人格素养”。

我们爱丽思有“管理者十训”，其中第一条是“管理者并非管理员”。具体来说，管理者应该充当指导员的角色，在制订计划时应把握本质、多面考虑、着眼长期，在教育和培养下属时基于“三现主义”。在我看来，要想提高“人格素养”，其最佳途径便是实践这一条。

先谈第一点——“本质”。不仅是人类，所有生物的本质其实都殊途同归。其无非是两点：一是“生存”，二是“繁殖”。为了延续物种、留下子孙，所有生物都在拼命努力。由此可见，员工是否能够拥有令人敬佩的活法，企业家是否能够打造受人尊敬的企业，都取决于两大要素，即“意欲”与“志向”。

倘若缺乏“尊重对方、共同成长”的利他之心，最后只会迎来灭顶之灾。要想在利他之心的基础上贯彻自己的意欲与志向，就需要学会忍耐。“坚持还是放弃”，这一直是关乎成长的首要命题。如果能以坚韧不拔的耐力来实践自己的意欲与志向，势必能够提高自己的“人格素养”。

再谈第二点——“多面”。世间的一切事物皆有两面，只要有优点，便同时伴随缺点。在思考问题时，不要盲目乐观，而应该抱着冷静客观的怀疑态度。

我们爱丽思“经营方针”中的第一条是“顾客第一”，即站在顾客的角度寻找潜在需求。而在分析竞争对手时，我们也“如法炮制”，即站在对手的角度，思考对手的想法和策略。通过这种“多面考虑”的方式，就能把握对方的心理，进而努力做出回应。可令人遗憾的是，从各位平常的工作情况来看，我发现不少人只顾埋头于自己手上的工作，完全无暇顾及他人。

接着谈第三点——“长期”。看事情要高瞻远瞩，不要拘泥于眼前。纵观许多上市企业，随着在股市挂牌成功，其知名度和综合实力都大幅提高，可却往往裹足不前，并未取得飞跃性的成长。究其原因，便是对短期业绩的过分执着。我们知道，四财季的财报是上市公司的成绩表。而有的上市公司甚至会在短短两到三个财年内“换帅”。这些因素导致企业无法制定长远目标，只能埋头耕耘眼下的“一亩三分地”。我认为，这是不少曾经叱咤风云的日本企业逐渐丧失竞争力的首要原因。我们爱丽思则不同，由于没有上述桎梏，因此能够着眼未来，不断进行设备投资，并致力于技术研发和产品研发。

最后谈第四点——“实践”。实践的重点不仅仅是“行动”，还包括“检查问题”与“解决问题”的能力。此外，还要避免“想到什么做什么”的无计划态度，而应该设定任务的“轻重缓急”，从而有条不紊地开展行动。

“本质”、“多面”、“长期”和“实践”，这就是我要讲的四大要点。只要具备这些品质，便能提高“人格素养”。而员工的“人格素养”一旦提高，企业的综合实力便会增强。

（2012年4月16日）

管理者的领导才能与经营者的领导才能

在我看来，“领导才能”可以分为两种：一种是“管理者的领导才能”，另一种是“经营者的领导才能”。

我们爱丽思“管理者十训”中的第三条是“将目标明确告知下属”。具体来说，要想实现目标，管理者必须彻底贯彻“PDCA 循环”，从而引导下属达成目标。我认为，凡是管理者，如果想培养自身的领导才能，就必须努力做到这一条。

众所周知，“PDCA 循环”是一种推进工作的方式。其包括“Plan”、“Do”、“Check”和“Act”四个环节。但在爱丽思，为了进一步提升管理者的领导才能，我们将其改良为“PDCC”，即把最后的“Act”改成了“Communication”。换言之，与“行动”相比，“交流”更为重要。上司与下属共事时，沟通交流是关键。“沟通力”强，团队则强；“沟通力”弱，团队则弱。

至于经营者的领导才能，其包括知识储备、分析力、盈亏估算力等。知识储备一旦提高，分析力势必会加强；而一旦具备分析力，便能对企业运营的盈亏情况做到胸有成竹。但在我看来，这些都属于“保守型”的特质。

哪怕这种“保守型”的特质再优秀，都无法促使企业发展壮大；反之，其只会日渐削弱企业应对变化的能力。鉴于此，我认为经营者应具备如下三大特质：

其一是构想力，即通过把握时代变化潮流，为企业发展和市场创造指明方向；其二是行动力，即将计划贯彻落实的执行能力；其三是号召力，经营者不能单干，而应该让团队全体成员拥有共同的信念，从而向着共同的目的和目标携手前进。

（2012 年 5 月 7 日）

第三章　激发脑活性　提升创造力

激发大脑活性 获得独特创意

在干部研修会上，我讲了如何“激发大脑活性，获得独特创意”。最近，随着科学技术的进步，越来越多的人脑运作机制得以破解。研究表明，要想提升大脑活性、增强记忆力，最好的“催化剂”便是“兴趣”与“喜好”。打个比方，凡是自己喜欢的上司说的话，或者是自己喜欢的话题，便容易记住；而凡是自己讨厌的上司说的话，或者是自己讨厌的话题，便容易忘记。鉴于此，各位务必把“爱好生巧匠”这句谚语铭记于心。在工作中，即便碰到不太擅长或不太喜欢的事物，也要试着培养自己的兴趣。

此外，“正确、充分理解”也是增强记忆的要诀之一。人脑与电脑类似，能够进行“多任务处理”；但与电脑不同的是，其无法同时记住所有事物。人脑采用的是“模式化”的记忆方法。鉴于此，在消化吸收新知识时，各位应该将其与之前习得的既有知识进行细致入微的比较。一旦充分理解其中的差异，便能与脑中的各种“模式”进行匹配，从而将新知识融入原有的知识体系之中。

最后要注意的是“复习”。“学而时习之”，对于记住的东西，要经常进行重温。但我们爱丽思的节奏较快，各种政策和计划都是以周为单位推进的。到了下周，前一周的会议精神便很难在脑中准确再现了。

刚才也说过，人脑无法记住所有的信息。最近的脑科学研究表明，人类记住的事物会在短短数日内大量遗忘。为此，针对那些需要记住的信息，各位必须反复确认和复习，使其成为脑中稳固的知识体系。倘若出于厌恶或懒惰的情绪，将“复习”延后，哪怕日后临阵磨枪，也无法真正记住。有的人仗着自己记性好，能够临场死记，但却无法将其转化为自己的知识储备。总之，要让知识真正在脑中常驻，各位务必做到尽早复习、不断重温。

电脑靠执行程序来回答问题。人脑则不同，其会事先通过习得的既有知识来生成答案，一旦发现答案与现实不符，个体便会进行修正。这种反复的“学习循环”使人脑生成了属于自己的一套算法（即解决问题的固有方法和技法），从而使人脑获得成长，使知识获得积累，进而使个体形成属于自己的思维体系和表达方式。

通过这样的不断进步和积累，之前的“隐性知识”便会成为“显性知识”。此外，为了获得更高层次的方案和创意，“爱”、“情”与“意欲”等积极的感性因素亦不可或缺。

希望各位能在日常工作和行动中具备改革意识，基于现场发现商机，努力获得独特创意。

（1998 年 7 月 21 日，2007 年 7 月 9 日）

积极锻炼额前区

人类与黑猩猩之间有98%的基因相同，存在巨大差异的仅仅是剩下的2%。从脑部结构来看，二者最大的差异是额前区。人类的额前区比黑猩猩要发达得多，而黑猩猩即便再聪明，其额前区也十分窄小。额前区不但负责控制行为和情绪，还与思考、想象、语言交流、意欲、专注、记忆、学习等脑部的高阶活动直接相关。

据说“读”“写”“计算”是锻炼额前区的三要素。请各位想一想，你们在踏入社会后，“读”、“写”及“计算”的能力究竟如何？说到“读”，各位每天在日常工作中都要阅览大量文件和邮件，想必是没有问题的。但对于“写”，我就要打个问号了。在学生时代，大家都得频繁地记笔记、写文章，但在走上工作岗位之后呢？反正我是几乎没看到有人在奋笔疾书。

最后是“计算”。小学生学习笔算，中学生则用计算器计算，而在工作之后呢？大家几乎都依靠电脑处理计算了。

有专家指出，人在使用电脑时，其额前区处于抑制状态。反之，当人在从事读写、计算、交谈、烹饪、手工等自主性较强的作业时，额前区便会处于活跃状态。额前区一旦被激活，个体的思考能力和想象能力也会提高。从该意义层面来看，电脑等科技设备的进化和普及并非有利无弊。由于在工作中过于依赖电脑和软件，各位锻炼“读”“写”“计算”的机会被大幅剥夺。在我看来，这是导致各位无法发挥潜力的症结所在。

我们爱丽思“管理者十训”的第四条是“不要单调重复”，其指出“一旦陷入单调的重复，创造力就会消亡；倘若失去了这样的感动与喜悦，人生便无意义”。可纵观各位平日的工作模式，我发现不少人趋于机械化——上班参加晨会，与同事商讨事宜，然后就是在电脑前坐一天。日复一日，年复一年，这使得各位的创造力不断流失。

“管理者十训”的第六条是“能力取决于意欲”。其指出“只要充满‘想发光’的意欲，金子必然能够发光”。而在我看来，员工的“意欲减退”是爱丽思当前的症结之一。

鉴于此，在前几天举办的干部研修会结束后，我便下令在公司内开展“精简电脑”的活动。各位的办公室亦不例外，在我的强制动员下，你们的电脑和电脑桌已经精简了两成。为了让工作变得有张有弛，我故意限制各位使用电脑的时间。我建议每隔45分钟休息一下，或者花个15分钟做其他工作，以便进行调剂。我所说的“其他工作”是指与“读”、“写”、“计算”或“讨论”有关的作业。它们能缓解疲劳、激活大脑。在完成这样的调剂之后，再回到电脑桌前工作45分钟，然后再休息或调剂，从而养成这种良好的新习惯。假如各位不这么做，就无法使原本优秀的额前区发挥作用，也就无法获得精彩的创意。

虽说我在公司内部推进“精简电脑”的活动，但从各位的工作方式来看，似乎许多人依然存在认识误区，以为“操作电脑是自己的主业”。要知道，电脑只是工具而已，它们是用来帮助各位计算数据和整理文件的。希望各位在今后的工作中能够认清这一点，从而发挥主观能动性。

（2006 年 7 月 10 日，2011 年 10 月 24 日）

培养“好强大脑”突破现实桎梏

医学研究表明，人脑与心脏是联动的。为了激发大脑活性，首先要“培养兴趣”，而培养兴趣的前提是“喜欢”；其次是“准确记忆”，大脑在记忆事物时采用的是“寻迹既有信息”的模式，倘若一知半解，就会与既有经验错误相融，从而形成不正确的记忆内容；最后是“形象记忆”，即以“场景重现”的方式，不断复习和重温已经形成的记忆。如果能努力做到这三点，大脑活性就会得到激发。

但要注意的是，归根结底，激发大脑活性只是一种手段。其真正的目的是提高创造力，进而培养能够高质量完成工作的“好强大脑”和“敬业大脑”。

而要想提高工作质量，还需要多问“为什么”，并不断思考“怎么做才能改进现状”。我认为，只要在工作中时刻把“为什么”和“怎么做”放在心头，自然就能提高工作质量。

这背后的道理其实很简单——不断思索，不断探求，直到自己满意；通过反复自问 5 次“为什么”，逐渐形成准确的记忆。这不但能为创造力打下基础，还能发现各种问题产生的原因。此外，还必须思考具体的行动。不要仅限于发现问题，还要每天反复思考解决问题的具体措施。通过这样的锻炼，各位势必能够培养出管理人员级别的眼力。因此我希望各位能够反复自问“为什么”和“怎么做”，并将其作为日常工作中的习惯。

我想再次强调“反复”和“坚持”。思考也好，自问也好，必须时时刻刻进行，要做到“睡也想，醒也想”。研究表明，即使在睡眠时，人脑的活动依然旺盛。俗话说“日有所思夜有所梦”，其实人在睡觉时，其大脑会对白天记住的事物进行“整理整顿”。

但即便在睡眠时整理了睡前的记忆和思考，可当一觉醒来后，由于新信息的涌入，之前归纳整理好的信息往往会被冲淡或遗忘。

为了避免这种情况的发生，就需要在枕边放一本记事本和一支笔。待醒来后，立刻将脑中归纳整理好的信息记录下来。这个方法十分有效，记录的内容可谓一张张的“卡牌”，通过培养反复思考特定问题的习惯，能够提高创造力；通过积累“记忆卡牌”，能够激发创意灵感。

养成上述习惯的大脑便是“好强大脑”和“敬业大脑”。而为了让这样的大脑发挥作用，关键在于明确目的和目标。各位必须基于目的，设定目标，然后朝着既定方向不断努力。等到能够在脑中鲜明地浮现具体的成功情景，就说明已经努力到位了。

（2002 年 10 月 28 日，2007 年 10 月 15 日，2008 年 12 月 8 日）

发挥创造力的工作方式

在制订新计划时，最为关键的是“以信息为基础，紧抓顾客需求”。只有做到这一点，才能研发出优秀产品、提供贴心服务。电脑是便利且聪明的工具，但其本身并不具备情感和想象力。换言之，“知识”与“智慧”是不同的。

要想将知识转化为智慧，人类所独有的“意欲”是关键。而要想保持意欲、发挥想象力，就需要面对面讨论和交流。以业务员为例，就需要拜访客户，通过直接对话交流的方式来推销产品。此乃“跑业务”的本质。

俗话说“三个臭皮匠顶个诸葛亮”。我相信，不管处于哪个岗位，只要积极展开讨论，几乎就能够解决所有问题和课题。我们爱丽思员工当前最为缺乏的是创造力和判断力。只要试着改变工作方式，各位完全可能收获全新的成果。

具体来说，需要在整理资料方面下功夫。要纵览全局，并在整理资料时具备发现问题、解决问题的意识。不要把整理资料视为单纯的统计工作，而应该力求简单明了，并通过信息共享来发挥创造力、提升工作效率。应该努力察觉问题、明确问题，并重新审视既有的工作模式。

面对不断变化的市场，依然按部就班地遵循既有的工作模式，这是爱丽思当下的症结所在。按理说，各位应该重视现场、察觉变化，采取灵活的管理方式和工作方式，并重新审视组织的结构和机制，可实际上呢？许多人依然满足于四平八稳的模式，“循规蹈矩”地推进日常工作。

鉴于此，我认为已经到了不得不改变的时候。我们的每名员工都必须思考“爱丽思当下最缺的是什么”，进而重新审视既有体制。纵观我们的既有体制，在品质检查方面，的确做到了近乎完美。但我们爱丽思目前最需要的不是“高效的检查”，而是“培养新顾客、创造新市场”。为此，就需要全体员工同心协力、出谋划策。

创意源于对市场需求及解决方案的构想，因此我们必须将先前“重视管理”的工作模式转变为“培养顾客、创造市场、创造需求”的工作模式。为此，就必须转变意识、改革组织。

（2007 年 5 月 14 日、6 月 11 日）

做到这几点 便能磨砺构思能力

要想磨砺构思能力，就必须做到这几点。第一是“分析自家现状”，第二是“分析竞争对手”。在“分析自家现状”方面，我们爱丽思做得比较到位；而在“分析竞争对手”方面，则依然非常欠缺，再加上我们现有的市场优势，导致各位滋生了一种“唯我独尊”的骄傲情绪，这是不可取的。要知道，分析竞争对手大有裨益。举个例子，面对竞争产品，如果能拿来仔细分析，可能就会发现对手的一些不足，譬如“重量过重”“强度过弱”等，从而避免被对手的价格竞争策略牵着鼻子走。

第三是“分析市场需求”。市场需求可谓日新月异。以大牌零售商为例，随着“自有品牌”等新模式的崛起，“大型产品实现自产自销”几乎成了潮流。第四是“分析顾客需求”，这是我们爱丽思的优势所在。为了满足顾客需求，每个部门都必须时刻思考“该做什么”和“该怎么做”。

如果只是“在明天应对今天的变化”，便称不上战略。应该把眼光放长远——如果积极思考“明年该怎么做”，就能够逐渐厘清当下产品结构、销售方式、推销手段等方面的问题，从而构思出各种改进方案。所谓“构思能力”，并没有各位想象的那么高深莫测。只要做到上述四点，着眼现实，高瞻远瞩，在制订战略时以年为单位，就势必能够描绘出企业成长的宏伟蓝图。

一旦拥有了构思能力，接下来就要培养自己的“主动性”。人们常说，“领导才能”很重要。所谓领导才能，即指导下属并引导其迈向目标的号召力。但在我看来，“主动性”比“领导才能”更重要。所谓“主动性”，即自主性和主体性。在企业中，拥有“主动性”的干部能够做到率先垂范，通过创造实际成果，给下属树立榜样。我相信，只要每天反复自问“做什么”“为谁做”“为何做”“怎么做”，就能磨砺构思能力、激发主动性，并将其融入自己的血肉，使之成为自己的行动准则。

（2015 年 2 月 16 日）

激发创意的要素

我们爱丽思发展至今，各种规章和体制业已成熟，员工只要照章办事，就能在既定框架内把事情做好。但要注意的是，这种工作模式虽然能够提升正确率，但却无法激发创意。

企业明明拥有优秀的人才、强大的组织和知名的品牌，却无法激发创意。这并不是我们爱丽思独有的问题。要将其解决，我认为关键在于“全方位应对变化”。换言之，应对新变化并非只是业务部门和研发部门的任务，而是全体组织的职责。创意并不依赖于员工的个人能力，只要大家每周进行讨论和交流，便能积累新鲜的创意和点子。而其中势必有“爆点”存在。

我们爱丽思一直在求变，不管是开拓收纳用品市场、园艺用品市场还是宠物用品市场，我们都有属于自己的“营销爆点”。以收纳市场为例，我们当年打响的口号是“便于寻找的收纳方式”。经过分析，我发现当时消费者的痛点是“寻找”——与“把东西收起来”相比，“把东西找出来”更让他们烦恼，于是我们推出了透明收纳箱。可见“营销爆点”至关重要，假如没有它，我们爱丽思便无法在收纳用品市场创造足以改变世界的全新需求。

再以我们创造的“制造供应商”模式为例，这也是基于实践和思考的结果。在与家居建材店打交道的过程中，我学会了“站在顾客的角度看问题”，进而思考“如何让顾客以较为低廉的价格买到便利且高效的好产品”。在此理念之下，我确立了当时前所未有的“制造供应商”模式。

我认为，必须传承和发挥我们的传统优势。为此，希望各位勿忘初心，让爱丽思找回当年那种“善于创造需求、创造市场”的状态。

（2015 年 6 月 22 日）

第四章　应变与革新

灵活应对变化 提升附加价值

企业管理的基本工作是控制费用支出、提升附加价值。为此，就必须着眼新市场，推出高附加值的新产品，并在提高销售额的基础上有效控制费用支出，从而确保较高的利润率。此乃企业经营之基础。但纵观爱丽思的现状，在“提升附加价值”方面，我认为做得还不够。

最近，“领导提出方针，员工照章执行”的风潮日益明显。也就是所谓的“PD（Plan-Do）”体系。我们爱丽思是“制造供应商”模式的创始者。回想当年，该模式之所以能够确立，的确是凭借“由上至下”的推进落实，但支撑该模式的主体其实是各位员工。明明拥有如此优秀的模式和体制，可我们爱丽思如今的销售业绩却停滞不前。究其原因，我认为是各位未能及时捕捉顾客需求和竞争对手的变化。只有着眼于第一线，努力发现商机，积极提出方案，才能提升销售额和附加价值。

作为管理人员，应该对自己所管辖的部门和岗位负责，并具备身为“经营干部”的自立精神，充分发挥其被赋予的职责。

经营是一种必须不断应对变化的工作。世间瞬息万变，企业唯有迅速察觉变化、应对变化，才能在未来的严酷竞争中生存下来。早在 30 年前，我们便扩大了园艺用品市场的规模。但倘若之后只埋头于该市场，爱丽思恐怕就止步于“园艺用品制造商”的小格局了。

但我们并没有安于现状，而是继而进入宠物用品市场，以“为消费者提供舒适便捷的品质生活”为己任，成为横跨“园艺用品”和“宠物用品”两大领域的综合类制造商。之后，为了解决消费者日常生活中的收纳问题，凭借“透明收纳箱”，我们创造了全新需求，甚至改变了全世界人民的收纳方式。而现在，正如各位所知，爱丽思又面临大转型，试图成为 LED 照明设备和家电产品制造商。

如果把做生意比作钓鱼，那么企业经营者的职责便是不断把渔船引到有鱼的地方。不能因为某地之前一直有鱼而固守一处，这样的结果势必是坐吃山空。所以说，经营者必须对鱼群拥有敏锐的嗅觉，能够率领船队发现一处又一处资源丰富的地方。

此外，人才当然也是企业发展的关键因素。为了有效管理人才、利用人才，就必须依靠组织部门。但在现实中，各部门往往会趋于固化，甚至蜕变为一个个各自为政的“小团体”。有时甚至本末倒置，出现“部门利益优先于企业目的”的情况。

为了杜绝这种“只顾自家部门利益”的小团体主义作风，关键要在安排和调整岗位时做到“适才适所”。希望各位把自身的职位或岗位变动视为一种机遇。假如各部门不能相互团结、形成强大的集体组织，我们爱丽思便无法迅速应对变化，更谈不上提升附加价值。

（2006 年 11 月 27 日，2012 年 4 月 16 日）

爱丽思的“开放式革新”

要想丰富人们的生活，技术革新不可或缺。

而在我看来，“技术革新”与“企业革新”是两个完全不同的概念。企业革新的关键在于“便利性”，即改进既有的不便现象，使其变得便利。

以爱丽思的沿革为例，我当初并没有把企业狭隘地定义为“制造商”或“塑料制品生产商”，而是站在广大消费者的角度，思考如何简化日常生活中的琐事，并将其作为企业革新的根本目的。技术革新往往起起落落，但企业革新并非如此。只要能够以消费者的视角持续求变，就能在革新之路上不断驰骋。

爱丽思的企业革新并非只针对经营和生产。比如“决算奖金”、“360 度全方位评价机制”和“黄牌”便是针对人事制度的革新。其目的是让员工重视自己的职责、察觉自己的不足。而把握各部门盈亏状况、收购因业绩不振而申请民事再生法保护的企业等举措，则属于企业战略的革新。结果被收购的企业在两三年内便浴火重生，并且实现了高收益。

再以爱丽思的计算机系统为例。20 年前，我们用的还是笨重的大型计算机；后来，我们在日本率先引入了办公电脑，并按照分工领域，开发了多款管理软件。如今，整个爱丽思集团旗下的所有公司和工厂都实现了电脑管理，能够即时应对各种变化。

再说到爱丽思网上商城，在“紧贴顾客需求”的宗旨之下，商城店铺的规模和数量不断扩大。如今，包括官网店铺和其他网购平台上的店铺在内，网店数量总计已经超过 50 家，且每家店铺都能保持盈利。这其实也是企业革新的成果，而革新的一大好处就在于不可复制。面对我们的优良业绩，不少竞争对手的网上商城即便想模仿也模仿不来。所以说，回顾过去的 30 年，我们爱丽思可谓“企业革新”的典型。

而若要具体分析支撑爱丽思发展至今的革新要素，我认为可以将其细分为三大方面。

第一方面是“基于消费者视角的需求创造革新”。作为广大消费者的代言人，我们以“提供各种家居解决方案”为中心，不断创造出全新的需求。

第二方面是“基于制造供应商的市场创造革新”。即便有优秀出色的点子，即便做出了消费者梦寐以求的产品，倘若缺乏得以销售流通的有力渠道，那一切都是徒劳。鉴于此，我们爱丽思创造了名为“制造供应商”的全新模式，打破了批发商的壁垒，与大牌连锁零售商直接建立了合作关系，并提供诸如“专业助销员”等配套服务。这种革新，在制造商中可谓前所未有。

第三方面“身为业态制造供应商的革新”，制造业原本是一种分工定义，从事制造业的企业基于金属、塑料、纸张、木材等生产原料，进行产品的研发和制造，并将其推向市场。这便是制造商的职责所在。如今，爱丽思大连工厂已经成了我们的生产主力。但纵观该工厂的产品构成，塑料制品所占比例不过20%，而包括金属制品、木制品、纸制品和宠物食品在内，该工厂生产的产品总计超过16000种。我可以自豪地说，其已然实现跨行业的多品种生产模式。哪怕在全世界范围内，像我们这样的制造商恐怕也是独一无二的。

考虑到全球化、跨行业竞争、人口老龄化、人口负增长等因素，日本的经济形势在未来必然会发生巨大变化。要想在这种剧烈的变化中求发展，我们爱丽思就必须进一步求变。为此，所有部门都应该积极思考，努力革新自身的业务内容。而本次以"开放革新"为题的交流会，便是在该主旨下召开的。

爱丽思企业理念的第五条是"以高目标、无止境的态度不断革新，创造一个充满生命力的组织体"，这也是我们所追求的"开放式革新"的本质。

（2014年4月21日、9月1日，2016年9月20日）

当下急需的革新精神

“革新”这个词，英语里叫“innovation”，它已有将近百年的历史，最早似乎由经济学家约瑟夫·熊彼特（约瑟夫·熊彼特，英文名为“Joseph Alois Schumpeter”，是一位对后世有深远影响的政治经济学家。——译者注）提出。其狭义上等同于“技术革新”，但广义上则指创造新需求和新市场，并将新技术融入新产品的一切相关行为。

我们爱丽思的产品包括塑料制品、金属制品、木制品、纸制品、家电制品和大米。无论是所用材料还是产品种类，恐怕都是业内最丰富的。之所以能够实现如此多元化的发展，与身为“制造供应商”而具备的“革新基因”是分不开的。

人们常说，“30 年”是企业的一个坎儿。回顾过去的 30 多年，我们爱丽思一直充当着革新的角色。如今，这些既有的革新成果渐渐落后于时代，我们亟须发起全新的革新活动。

所谓革新，即针对新商机、利用新技术或新材料来创造新市场。我们曾经针对“家居建材店”这种新零售业态，创造出了“制造供应商”这种全新的模式，并因此取得了长足发展。可随着时间的推移，家居建材店已然成为传统零售业态，所以我们的

“制造供应商”模式也要求变，以适应于当今的商业环境。

再说到产品领域的突破革新。在我看来，“着眼新市场，挑战新技术”一直是我们的优良传统之一，而其中最具代表性的便是“杀入”LED市场的壮举。如今，LED照明设备日渐普及、迅速发展。以直管LED灯为例，在短短4年间，我们就将其照明效率从85Lm/W（流明/瓦）大幅提升至200Lm/W。

而说到全新市场与既有产品之间的组合革新，则不得不提我们的“爱丽思网上商城”。在传统线下零售业绩低于前年的低迷环境下，爱丽思网上商城却一路高歌，每年的销售额增幅都保持在30%以上。

至于对既有市场的革新，成立“舞台农业创意工厂株式会社”可谓典型。对于传统的碾米业，我们另辟蹊径，通过独创的“低温生产”方式，能使成品精米多保留将近20%的营养成分。此外，我们还拓展产品种类，除了传统的袋装米，还推出了包装米饭和包装年糕。

其他革新还包括生产革新、流程革新和管理革新等。而在其中，我认为管理革新最为重要。

PL（Profit and Loss Statement，盈亏报告表）十分有用，它能够统计各种材料、各道工序，从而计算出整个企业或每个部门的盈亏状况。但从另一方面看，PL记录的只是一本泛泛的“总账”，无法从中发现具体是哪些地方盈利、哪些地方亏损。作为辅助，就需要依靠CR（Cost Report，生产成本报告表）。

不管是诸如塑料成型等作业，还是诸如金属制品、纸制品等产品，其都有各自的生产成本。而随着材料技术的进步和机器的折旧，CR 的数据也会发生变动。在制造业中，用人成本是必然存在的，但其所占比却是多样的。根据产品的不同，有的用人成本占生产成本的 30%，有的却只占生产成本的 3%。为了发现问题，必须将同类产品或生产工序相同的产品归纳在同一套 CR 上。

如今，爱丽思大连工厂已经制定出了 64 套 CR。作为工厂盈亏管理的一环，制定 CR 属于较为困难和烦琐的作业，但由于我们拥有相应的系统和软件，因此可以较为简便地生成 CR。每到月度决算时，只要三到四天，所有产品的 CR 便能生成完毕。

生成的 CR 基于上个月的生产成本明细来得出盈亏状况，其主旨在于让生产管理者和车间员工做到一目了然、心中有数，包括自己生产的产品的原料比例、生产效率和折旧率。

企业规模一旦变大，管理者和一线员工之间往往会出现“认识脱节”。具体来说，即管理者对生产成本明细如数家珍；可实际生产者只知埋头干活，却无法把握生产成本。长此以往，企业难免会滋生上下级割裂的官僚主义。而我们爱丽思则不同，由于能够较为简便地依靠电脑来生成 CR，因此车间员工也能够及时把握生产成本，从而思考自己必须“做什么”“怎么做”，进而积极参与到降低成本和改进品质的活动中。

同理，不管在日本本土还是海外，我们爱丽思集团旗下的所有公司和部门也都导入了这种简便的盈亏管理系统。即便是对会计和 CR 不熟悉的员工，也能通过简单明了的成本明细表来获取信息。

所以说，管理革新是基础，其能优化组织结构、调整业务内容，最终提升顾客的满意度。倘若管理革新不到位，创造新市场也好，研发新技术也好，都只能沦为空谈。

我们的干部研修会年年开，今年已是第36个年头。这让我再次认识到，我们爱丽思集团必须求变。为此，我们首先必须培养高于他人的敏感度和思考力。关键要时刻抱有疑问，多问自己“为什么”“怎么做”，并一步步地尝试挑战。一旦做到这一点，便能“柳暗花明又一村”，从满眼的“红海市场”中找到“蓝海市场”。

（2015年7月21日、2016年10月3日）

爱丽思集团年表

1958 年 4 月　前代创始人大山森佑创立大山 blow 工业所

1964 年 7 月　大山健太郎就任公司法人代表

1967 年　开始销售渔业养殖用浮体

1970 年　开始销售农用育苗箱

1971 年 4 月　成立大山 blow 工业株式会社

1972 年 7 月　仙台工厂（现在的大河原工厂）竣工

1981 年 1 月　开始销售园艺用品

1987 年 1 月　开始销售宠物用品

1987 年 12 月　三田工厂竣工

1988 年 1 月　开始销售收纳用品

1988年5月　成立 IRIS KOREA CO LTD（爱丽思韩国分公司）

1989 年 12 月　公司总部迁至仙台市

1990 年 4 月　鸟栖工厂竣工

1991 年 9 月　公司更名为爱丽思欧雅玛

1992 年 3 月　角田 ITP 工业科技园落成

1992 年 6 月　成立 IRIS USA Inc（爱丽思美国分公司）

1994 年 11 月　北海道工厂竣工 加州斯托克顿工厂竣工

1996 年 11 月　威斯康辛工厂竣工

1997 年 1 月　大连爱丽思欧雅玛工贸有限公司工厂竣工

1997 年 3 月　富士小山工厂竣工

1998 年 6 月　大连爱丽思木业有限公司工厂竣工

1999 年 8 月　IRIS OHYAMA EUROPE BV 工厂竣工

2001 年 1 月　米原工厂竣工 大连爱丽思生活用品有限公司工厂竣工

2001 年 9 月　成立爱丽思 CHITOSE 株式会社

2002 年 11 月　得克萨斯工厂竣工

2003 年 3 月　埼玉工厂竣工

2003 年 8 月　成立大连爱丽思欧雅玛发展有限公司

2005 年 12 月　成立 IRIS FINEPRODUCTS 株式会社

2006 年 12 月　成立爱丽思 SHINYO 株式会社

2007 年 8 月　大连爱丽思木制品有限公司工厂竣工

2008 年 2 月　成立爱丽思 SOKO 株式会社

2008 年 12 月　并购 DAISIN 株式会社

2009 年 8 月　开始销售 LED 灯泡

2010 年 6 月　并购 Houtoku 株式会社

2011 年 11 月　爱丽思生活用品苏州有限公司工厂竣工

2012 年 8 月　青叶大楼开业

2013 年 4 月　成立舞台农业创意（Butai Agri Innovation）株式会社

2013 年 5 月　设立家电产品研发中心

2013 年 11 月　成立爱丽思 FOODS 株式会社

2014 年 4 月　并购 Uniliving 株式会社

2014 年 6 月　舞台农业创意株式会社亘理工厂竣工

2014 年 8 月　大阪心斋桥大楼开业

2016 年 3 月　收购罗姆（ROHM）株式会社旗下照明业务

2016 年 5 月　亚利桑那州工厂竣工 成立爱丽思生活用品广州有限公司

图书在版编目（CIP）数据

爱丽思欧雅玛的经营理念 / (日) 大山健太郎 著；周征文 译. — 北京：东方出版社，2019.3
ISBN 978-7-5207-0614-8

Ⅰ. ①爱…　Ⅱ. ①大… ②周…　Ⅲ. ①日用品–工业企业管理–经验–日本　Ⅳ. ①F431.368

中国版本图书馆CIP数据核字（2018）第227760号

爱丽思欧雅玛的经营理念
（AILISIOUYAMA DE JINGYING LINIAN）

作　　者：［日］大山健太郎
译　　者：周征文
责任编辑：贺　方
出　　版：东方出版社
发　　行：人民东方出版传媒有限公司
地　　址：北京市东城区东四十条113号
邮　　编：100007
印　　刷：北京联兴盛业印刷股份有限公司
版　　次：2019年3月第1版
印　　次：2019年4月第2次印刷
开　　本：880毫米 × 1230毫米　1/32
印　　张：7.625
字　　数：141千字
书　　号：ISBN 978-7-5207-0614-8
定　　价：48.00元
发行电话：（010）85924663　85924644　85924641